旅行邂逅文艺范儿
文 艺 街 区

《旅游圣经》编辑部 著

北京出版集团公司
北京美术摄影出版社

图书在版编目（CIP）数据

旅行邂逅文艺范儿. 文艺街区 / 《旅游圣经》编辑
部著. — 北京 ：北京美术摄影出版社，2017.7
　ISBN 978-7-80501-996-3

　Ⅰ. ①旅… Ⅱ. ①旅… Ⅲ. ①旅游指南—中国②城市
街道—介绍—中国 Ⅳ. ①K928.9

中国版本图书馆CIP数据核字 (2017) 第022799号

责任编辑：董维东
特约编辑：王　华
助理编辑：鲍思佳
责任印制：彭军芳

旅行邂逅文艺范儿　文艺街区
LÜXING XIEHOU WENYI FANR　WENYI JIEQU
《旅游圣经》编辑部　著

出　版　北京出版集团公司
　　　　北京美术摄影出版社
地　址　北京北三环中路6号
邮　编　100120
网　址　www.bph.com.cn
总发行　北京出版集团公司
发　行　京版北美（北京）文化艺术传媒有限公司
经　销　新华书店
印　刷　北京方嘉彩色印刷有限责任公司
版印次　2017年7月第1版第1次印刷
开　本　700毫米×1000毫米　1/16
印　张　14.5
字　数　162千字
书　号　ISBN 978-7-80501-996-3
定　价　69.00元

如有印装质量问题，由本社负责调换
质量监督电话　010-58572393

《旅游圣经》编辑部

胡海燕 中文系毕业，出生在西北，成长在南京，生活在广州，从事过媒体、广告行业。性情淡泊、闲散，追求随性自在，喜欢闲云野鹤一般的生活。著有《最美云南》《最美福建》等书。负责撰写本书的广州、深圳部分。

王睿颖 90后旅行作家，曾于拉萨、成都、德国等地旅居写作，用温暖的笔触记录了旅途中一座座城市对人的关怀。著有《老西安新西安》等书。负责撰写本书的南京、苏州、西安部分。

小 爱 80后天蝎女。资深背包客，热爱独自旅行；资深美食达人，擅长寻觅各地美食。爱文艺、爱小清新式生活方式，开过咖啡厅和瑜伽馆，闲来无事进行网络文学创作，收获粉丝若干。负责撰写本书的厦门、大理部分。

王 蘅 热爱行走的天秤座女子，喜欢路上的风景，更爱有故事的旅行。期待未曾走过的路、没有看过的风景，遇见不一样的自己和世界。著有《恋恋四川》《最美西藏》等书。负责撰写本书的成都部分。

仇潇潇 生长于粗犷的北方小城，却有着南方女孩的细腻情感。工作中，她是专注于excel表格、寻找数据漏洞的理性审计师；生活里，却是流连于书店、花店、咖啡馆的感性文艺女青年。负责撰写本书的北京部分。

章芝君 环球旅行背包客，杭州80后女设计师，热爱古琴、绘画、写作和摄影。著有《阳光下的清走》一书。负责撰写本书的杭州部分。

写在前面的话

海德格尔曾说过"诗意地栖居在大地上"，海子向往"面朝大海，春暖花开"。这是很多文艺青年的生活理想。但在工业文明和信息技术飞速发展的今天，人们的生活日渐刻板化和碎片化，节奏越来越快，压力越来越大，环境越来越恶劣。也许，唯有生活的艺术化和诗意化能够抵御这一切，就像高晓松说的"生活不止眼前的苟且，还有诗和远方"。

那么，我们就出发吧，去寻找"诗和远方"，寻找理想的文艺生活，寻找那些如珍珠般散落在大地上的文艺客栈、餐厅、咖啡馆、书店、小店和街区。

为此，《旅游圣经》编辑部派出六位颇具文艺气质的女性作者，分赴极具文艺范儿的北京、南京、苏州、杭州、成都、广州、深圳、厦门、大理、西安十座城市，实地探访文艺客栈、餐厅、咖啡馆、书店、小店和街区。她们在每座城市都选取最有代表性的地方进行了深入了解，每家客栈都试住过，每家餐厅和咖啡馆都品尝过，每家书店、小店和街区都细致考察过，最终，为读者奉献上了这套"旅行邂逅文艺范儿"。

在这套书中，文艺范儿无处不在。何谓文艺范儿，大概有以下几个特点：

设计性。有文艺，有气质，有腔调。无论中国风、北欧风还是复古风、工业风，都充满了设计感。

生活美学。仅有文艺是不够的，还要与生活结合，这才有了客栈、餐厅、书店、咖啡馆、小店、街区等。它们的主人不仅仅是老板，更多的是"生活家"、艺术家，将自己的生活美学融入店里，与客人分享。

独立性。不混同于大众，有鲜明的个性化风格。只有拥有独立的个性，才能有"范儿"，这种风格其实就是主人的性格。你住进这些客栈，去这些咖啡馆喝杯咖啡，去这些书店选本书，也许能和主人聊聊天，发现另一种理想生活。

希望亲爱的读者能在这套书的陪伴下，在旅行中找到自己的诗意生活。

《旅游圣经》主编　桑　磊

目　录

北京

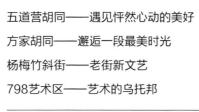

五道营胡同
——遇见怦然心动的美好

五道营胡同，明清时曾为军队驻扎屯兵之所，因从东直门至安定门共设有五道兵营，此地为第五道所在，故而得名。相较于成名已久的南锣鼓巷，五道营胡同是后起之秀，却更为安静、个性与惬意。胡同里是小清新文艺范儿的天堂，有安静的四合院餐馆，有很小却温馨的甜点店，有原创设计师的服装店、首饰店，有精心挑选的淘品店，还有可以交换旧物的交换商品店。

步行可及的一日美好

漫步五道营胡同的时光，是温暖而浪漫、文艺又清新的。从胡同东口出发，最不可错过的便是一家精致的中式茶点店铺，名曰"观品"，寓意"观美物，品美味"。步入其间，欣赏一下置物架上素净雅致的茶具、花具，或盘坐在蒲团坐垫上尝一尝精细别致的茶点，方觉四季寒暑交替，生活需要细细品味才行。

观品对面的印格时光会给人带来一种空灵的感觉。室内光线微薄，灯光暖且柔和，经幡投影至墙面，光影斑驳。来此小坐，仿若置身雪域高原的藏式民居，有种时空移转的感觉。再来上一杯温润醇香的酥油茶，回忆一番曾经的故事。

或去糖水鲸坐一坐，来一份地道的双皮奶，甜而不腻，奶香浓郁，配上精心熬制的红豆，幸福感油然而生。店内的鲸鱼蛋糕也颇具创意，小小的一块，松软可口，最具特色的便是其上小小的鲸鱼，萌萌的、白白的，让人不忍心吃下去。

路过另存为杂货店时一定要进去仔细瞧一瞧，满房间透着年代感的物件都会给你特殊的感动。那些我们曾经经历过的生活场景在时光的流逝中渐渐被遗忘，若没有偶然间的触动，将永远尘封于内心深处，仿若没有存在过一般。在这家小小的杂货店，令我们动容的并不是这些老物件本身，而是与其关联着的生活片段、温暖珍贵的昔日时光。

蓝白色地中海风的Sirena猫宿与Sirena海妖是最不可错过的客栈与酒吧，躺在Sirena猫宿客房里的蓝色沙发上翻看杂志，虽身处闹市，却远离喧嚣，仿若时光都带着

古老的四合院内别有洞天

在Sirena猫宿的露台上，可见胡同里绵延的灰瓦

$\dfrac{1}{2}$　1. 另存为不仅是一家杂货店，更是通往回忆的时光隧道
　　2. 酒吧也有小清新，地中海风格的二层小楼在五道营胡同很是显眼

惬意；Sirena海妖没有印象中酒吧的嘈杂与纸醉金迷，有的是午后的阳光，穿过白色幔帘洒落在桌上，空气中飘荡着淡淡的百利甜的甜香。

有滋有味，更有回忆

　　走累了可去沐茗咖啡歇歇脚，尝一尝咖啡，逗一逗猫咪，或两三好友去二层露台小

1	1. 和风小馆的厨师小哥轻舞着手中的铁铲，全身心地投入制作美食
2 3	2. 观品新推出的白柚山楂酪
	3. 印格时光的酥油茶

坐，点上一瓶地道的澳洲红酒，酒精带来的微醺伴着胡同里缓缓吹来的暖风，人不醉心已醉矣。

饿了就去和风小馆三友町，胡同深处的木质小楼，屋外挂着多彩的和风小旗，在晚风中随风飘荡。有松软可口的碎鸡肉饭、热气腾腾的铁板烧、温润柔和的清酒，还有一只笨萌可爱的熊本熊，笑脸盈盈地等你到来。

若是想要为美好旅途带回去点儿什么留个纪念，"包子和饼饼家"以及"About Love物的生命"是一定要去逛一逛的。包子与饼饼家是一家手作小店，风铃、笔插、T恤衫、明信片、冰箱贴皆带着猫咪的元素，寻常小物经过创作者的精心绘制，变得独具情趣，客人也可以亲自创作，带走一份与众不同的回忆；About Love 物的生命是一家

时尚的氛围引来美女拍艺术照

vintage风格的二手杂货店，从世界各地淘来的精致而美好的小物件，让人相信缘分的奇妙。在这里，每一件物品皆有生命，每一段故事都期待继续。

在五道营胡同里走走停停，遇到的每一家创意店铺、咖啡馆、客栈，都像是一段美丽的邂逅。珍惜当下的小时光，感受生活的小确幸，这才是游览五道营胡同最正确的方式。

街区资讯

- 地　　址：北京市东城区安定门桥东南
- 特色推荐：观品、印格时光、糖水鲸、另存为杂货店、
  Sirena猫宿、Sirena海妖、沐茗咖啡、三友町、
  包子和饼饼家、About Love物的生命

因东邻雍和宫，北靠国子监，西近南锣鼓巷，方家胡同自古便是京城传统文化的核心地带。现如今，其中的46号院文艺气息最为浓厚，已成为旧城文化改造的典范，小小的院子里集中了剧场、舞蹈团、酒店、设计工作室、咖啡厅、主题餐厅、玩具店。胡同里，不仅有精致的雕花、敦厚的门墩、木质的朱红大门，只是时过境迁，它们大多破落了，但在时光的浅影里，依稀可见曾经的辉煌；更有精致的餐厅、清新的咖啡馆、有情怀的酒店，给人们一份温暖的感动、难忘的回忆。

方家胡同
——邂逅一段最美时光

46号院内的无限创意

46号院原为中国机床厂的厂址，后来北京市城市改造，工厂外迁，这个占地近一万平方米的院落曾一度荒废。直至2008年，大院旧貌换新颜，被建成了创意文化园区，这才以崭新的面貌呈现在世人面前。现在，院内有电影主题餐厅猜火车，前厅的建筑外形犹如一个悬浮在草坪上的白色盒子，与后面原机床厂的老仓库在形式与年代上形成了强烈的反差，一棵挺拔的松树被和谐地包裹在白盒子中，现代建筑与自然的有机结合，体现了设计师独到的用心。有深受文艺青年喜爱且为电影《分手合约》提供内景场地的红叶石楠咖啡馆，室内随处可见盛开的鲜花，插在透明的花瓶中，简单、随意却充满情趣，厅堂正中的长条形木桌上，几枝鹅黄色的百合恬美绽放，清新淡雅，一页一页翻书间便可嗅得暗香浮动。有颇能体现台湾地区文化的咖啡馆双城记，店铺的招牌上有交融、交错的"双"字，独特的创意字体体现着这家咖啡馆的与众不同。还有既可得到舒适休息，也可作为记忆停留的驿站的时光漫步怀旧主题酒店。

46号院内除了人气爆满的餐厅、咖啡馆与客栈外，还有一些不对外开放的工作室和文化公司。如今，老厂房、旧机器早已完成了工业生产的使命，作为一种印记，静静矗立在那里享受着新时代的流光。

时光漫步酒店入口处的老北京胡同手绘墙

天台竹架上的红叶石楠

46号院外的胡同光阴

　　方家胡同除了声名在外的46号院外，还有提供江南小食的胡同食堂，制作热缩片和衍纸、橡皮章的工作坊茶米手作，充满温情的日料小馆源和料理，隐居深巷的比萨店平湖居。

　　方家胡同里依旧居住生活着老北京人。46号院对面有一处民居，门口挂着一个竹鸟笼，里面有一只黑色白嘴八哥，遇到漂亮女孩儿路过，竟然会吹出响亮的口哨，让人忍俊不禁。胡同中常见金发碧眼的外国人，在大槐树下一坐一下午，黄昏时喝几听啤酒，晚上玩上一阵滑板，过着他们想象中的京派生活。

　　据说末代皇妃文绣的祖宅就在这条胡同里，这里也是她的出生地。繁茂的大槐树下光影涣散，照在古老的门墩上，仿佛可以想象，那小小的姑娘跳着走过胡同，摸过这小小的门墩，在槐树下欢声笑语。

　　方家胡同，一条不太长却故事味十足的胡同，如果有一天你从这里路过，且要慢慢走，慢慢看，慢慢去寻找触动内心的小情怀。

$\frac{1}{2}$　1. 爬满藤蔓的砖墙和枝叶繁茂的老树是最好的背景墙
　　2. 双城记咖啡——曾经的老厂房，如今是宝岛的一扇窗

1
—
2

1. 46号院的时尚元素
2. 透光窗前的雾气，是一种寒风中对于家的渴望

胡同的阳光

街区资讯

- 地　　址：北京市东城区（国子监街南侧）
- 特色推荐：猜火车餐厅、红叶石楠、双城记、时光漫步主题
  酒店、胡同食堂、茶米手作、源和料理、平湖居

杨梅竹斜街
——老街新文艺

北京有一条名字颇有诗意的胡同——杨梅竹斜街。杨柳依依、驿路梅花、品竹弹丝，单单是名字便让人感受到了诗情画意。在民国初年，这条胡同因汇聚了世界书局、环球书局、中华书局等当时闻名遐迩的七大书局而被称为"书局一条街"，浓厚的历史文化气息无声无形之中滋养着这里，以至百年后的今天依旧吸引着文化创意人士在此栖居，为北京南城更增添了一份文艺气息。

文艺的胡同，浪漫的情怀

漫步在杨梅竹斜街的青石砖路上，偶尔可见民国时期的建筑映射出这条书局街曾经的风貌，斗转星移，取而代之的大多是市井中的胡同小院，以及一座座颇有文艺气息的创意店铺与文化小馆。

从杨梅竹斜街东口往西前行，稍稍走上几步便会看到一家显眼的店铺，叫作"老北京兔儿爷"，门脸儿虽小，却京味儿十足。这里制作和售卖的是老北京最具文化底蕴的泥塑玩具——兔儿爷。拒绝工业量化生产，每一款皆是工匠师傅亲手描绘而成，饱含着几十年的艺术功底和对兔儿爷文化的真挚情感。

对面的铃木食堂贴出了一张兔女郎的灯箱海报，长长的白耳朵、粉嫩的脸庞、小巧的三瓣嘴，十分可爱。兔子是铃木食堂的经典元素，凡是来过的客人对它的印象都颇为深刻。这是一家日料小馆，有传统简约的日式庭院，有清淡精致的简餐小食，有展示售卖食物美学与古董手工艺品的铃木商店，更有温馨、静谧的美好时光。

街上最复古、最具民国风情的店铺非模范书局莫属。这是一座二层民国风格的小洋楼，顶层有大气而精致的雕花，石砖是灰白的，更加凸显了它已度过近百年的时光。店名直接刻在大门上方的石壁上，四个大字"模范书局"。这座建筑在民国时期曾是一家报社和彝宝斋南文具店旧址，现如今是书店，更像是博物馆，一书一物尽显浓郁的文化底蕴。

铃木食堂的环境让人心中格外平和

1. 门面虽小，带给人的快乐与美好却很多
2. 采瓷坊铺满青瓷碎片的台阶创意与美感十足

古朴庄严的模范书局

　　一路走来，会注意到绵延的水泥路上、墙角边、花坛上都有嵌入其中的青花瓷碎片。破碎的瓷片早已看不出它来自何方，青色的纹样图案似诉说着久远的故事。模范书局不远处便是一家专门制作古瓷首饰、工艺品的店铺，名叫"采瓷坊"，店外嵌满瓷片的台阶使其格外醒目，店内有由青花瓷片"缝制"而成的旗袍，古瓷银器创作而成的戒指、耳坠、挂件、首饰盒，从细节彰显着对传统文化的尊崇，让人内心油然升起一阵感动。

作为重点发展的文化街，杨梅竹斜街上处处散发着清新的气息

走在杨梅竹斜街上，最不容错过的便是Ubi艺廊，在寸土寸金的老胡同中，它独自占据了60号、62号两个门牌号，仅在空间上便给人带来了极大的视觉体验。店名意为"哪里"，"代表着运动、到达、疑问指代"。店铺有如此国际范儿的名字因其老板是一位醉心于中国文化的外国友人，店内展示售卖的是独具创意的国内外艺术工作坊的作品，精美的陶瓷与独特的当代首饰，给客人带来惊艳的艺术体验。

深入胡同，会看见一间小巧的店铺，红色的木门，仙人掌的灯箱招牌，如同童话故事里森林中的魔法小屋。店名叫作"UPlant House（有种房子）"，它是一间多肉植物实验室，是一个艺术小课堂，这里有独特的仙人掌果汁，有占卜准到哭的塔罗牌老师，有读诗、绘画、刺绣多种手作小课堂，还有三只可爱的猫咪，一如很多人的心中都有一所房子，沐浴阳光、布满花草，静谧而美好，温暖得刚刚好。

在胡同尽头，一座由旧房改造而成的二层小楼里藏着地道的湖南风味，店名也颇有创意，叫作"渔芙南"。每到餐点，这里都座无虚席，以至来此就餐必须预约，由此可见这家清新文艺湘菜馆的魅力。窗外初雪悄然而至，桌上菜肴热气腾腾，再来上一杯味甜醇厚的胡子酒，天气也没有那么寒不可耐了。

周边也精彩，处处有风景

若是想要游览到极致，可以去周边几条小胡同逛一逛。陕西巷的灰砖老楼依旧，石刻招牌重又描金画粉光彩夺目，现如今已是一家客栈，名为"阿来客栈"；铁树斜街上一家国营老厂摇身一变，成为一家传递着"Re-up"理念的咖啡馆，壹勺子糖在这片低矮民居中显露出独特的腔调；隐藏在炭儿胡同的"Living Room"中文译为"生活室"，除此之外还有客厅的意思，来到这家胡同里的咖啡馆，如同来到朋友的客厅，度过一段闲散舒适的时光也是店主对客人的美好祝福。

走在这里，总觉得时光过得飞快，或许因为美好的事物总是会让人不经意忘记时光流逝。

街区资讯

■ 地　　址：北京市西城区前门大栅栏附近
■ 特色推荐：模范书局、老北京兔儿爷、铃木食堂、采瓷坊、
　　　　　　 Ubi艺廊、有种房子、渔芙南

798艺术区的前身是新中国工业快速发展时期的国营电子厂，经过几十年的变迁，这里不再是热火朝天的工业基地，而成为北京最具象征性的艺术文化地标。陈旧的德式厂房经过艺术家独到的设计与改造，成了极具现代气息的文艺空间。这里如同艺术的乌托邦，古典与现代、流行与传统、西方与东方……形式不同、风格迥异的艺术流派，在此交汇、融合。798艺术区特有的文艺氛围感染着世界各地前来参观的游客。

798艺术区
——艺术的乌托邦

火车头是它的风景

798艺术区总是给人一种看似混杂、矛盾却又交融、和谐的感觉。在这里，既可以看到高耸的烟囱上鸟儿筑的巢，在黄昏的光影中略显落寞；又可以看到由旧厂房与车间改造而成的画廊、书店、剧场、餐厅、咖啡馆热闹非凡，焕发着新的生机。不拘泥于某种形态，却令每一种风格都各得其所，或许，这就是798艺术区独特的魅力。

在798艺术区，自然不会错过位于751时尚设计广场中的火车头广场。广场边的铁轨上停放着一辆工矿用蒸汽机车，编号0751。火车头在保留车体结构的同时，在颜色上做了创新。漆黑的车身搭配鲜红的色彩，不仅承载着人们对工业时代的缅怀，也被赋予了文化创意的新使命。

铁轨与火车头、红与黑的碰撞，怀旧的腔调搭配大胆的视觉冲击，让这里备受摄影师的青睐。于是，这里不仅成为婚纱摄影和服装设计师拍照的绝佳一景，也成为文艺青年纪念到此一游不得不拍的背景。

广场上有家咖啡店——Ace Cafe，紧邻火车铁轨。这里由原来的老站台改建而成，除了上、下两层的空间外，火车头后面的车厢也是这家咖啡店的一部分，是京城内为数不多的可以在老机车车厢内用餐的咖啡店。不论是坐在露天阳伞外，还是坐在透明落地窗的站台内，抬头皆可望见气势磅礴的火车头，它已成为客人眼中最好的风景。

珍爱時刻
THE PRECIOUS MOMENT

经过改造的厂房多了几分现代建筑的美感，但内部的惊喜更令人回味

小柯剧场外观

艺术之花绽放

　　751时尚设计广场中的火车头广场不远处便是小柯剧场。红色的砖瓦，方方正正的结构，依稀保留着20世纪工业厂房的模样，与印象中高大而略带神秘感的剧场相去甚远，质朴、亲切得好似邻家小院。因创始人小柯的音乐创作背景，剧场的剧目更具个人特色，主打原创音乐剧。《稳稳的幸福》《等你爱我》《因为爱情》是小柯剧场的经典"爱情三部曲"，伴随着欢笑与泪水，在精彩的剧情与音乐中引领人们回忆青春，思考爱情。

　　小柯剧场的对面是珍爱时刻，温润的空气、繁茂的花草、缠绕的藤萝，使它在光影变幻中呈现出如同原始森林般的梦幻色彩。珍爱时刻不仅是一家咖啡馆、一家雨林餐厅，也是创始人高意静老师在花卉艺术方面的延伸，通过对自然之美的塑造，使人们体会到最纯真的温柔与感动，在一杯咖啡或一顿美餐的时间里，提醒着端坐其中的人放慢生活，回归自然。

　　若是从798艺术区西门进入，一眼便可看到三只被关在笼子里的巨大的红色恐龙雕塑，其背后便是著名的尤伦斯当代艺术中心。作为较早入驻798艺术区的国际性艺术机构，它为中国当代艺术打开了一扇窗，向来此参观的中外游客展现着多姿多彩、美轮美奂的中国当代艺术。有关过去、有关未来、有关科技、有关艺术，在同一时刻，尤伦斯当代艺术中心做着多元化的展示。艺术在这里不仅仅是一个作品，它所带来的感动与对美好生活的憧憬才是创作者给予参观者最好的礼物。

气势磅礴的蒸汽机车如同冬天里的一把火，在漫天飞雪中灼热地燃烧着

停放在咖啡馆外的机车,有种朋克来袭的感觉

是文艺也是生活

　　位于798艺术区一条隐蔽小巷中的北极熊画廊与其他高大上的创意工作室有很大的不同,门口那个憨态可掬的北极熊拉近了画廊与观众的距离,带着天然的亲切感。这是一处充满童真的小世界,是云朵幻化成北极熊的形状笼罩着碧绿的草原,是海豚拨开海

浪浮上海面，是两只小兔子躲进杯子里。简洁的背景给人宁静，温柔的色调暖化人心，作品主题关乎动物、关乎自然，这里的一切都简单而美好。

　　除了北极熊画廊外，798艺术区还有一个去处深受游客喜爱，那便是熊猫慢递。明艳的红色与葱翠的绿色铺盖着整个空间，黑白色的熊猫元素随处可见，有戴着眼镜认真读信的熊猫收件人，有坐在柜台后接收邮件的熊猫前台，也有爬在展示架上的熊猫公

$\dfrac{1}{2}$ 1. 北极熊画廊的空间并不大，却明亮、温馨

2. 厂房内的艺术展

笼中的红色恐龙雕塑，在白雪的映衬下更显眼，给人以强烈的感官刺激

仔。无处不在的熊猫充当着这家创意店铺的形象代言人，认真严谨地保管着客人的情感。在熊猫慢递最显眼的位置看到一副对联，"等待是一种信仰，远行是为了回家"，让人无比动容。忍不住在熊猫慢递给自己写了一封寄往未来的信，留下小小的期盼和惊喜，期待在未来遇见现在的自己。

街区资讯

- 地　　址：北京市朝阳区酒仙桥路4号
- 特色推荐：小柯剧场、尤伦斯当代艺术中心、北极熊画廊、熊猫慢递、珍爱时刻餐厅、Ace Cafe

南京

老门东——金陵城中事，轻烟巷中人

创意1865——洋务旧梦，百年兴荣

老门东

——金陵城中事，轻烟巷中人

在抵着城墙的老门东，今日的景象就是过去偏安江南一隅的金陵城，没有了古城曾经的动荡，只剩下属于过去的琵琶船歌、轻烟曼舞，属于今天的文艺小情调以及江南绵延不绝的微雨。

门东老事

自古，秦淮区中华门以东就是江南士族、商贾、文人墨客云集的地方，因地处聚宝门的东面，被金陵百姓称作门东。明代时，门东是个充满诗情画意且歌舞升平的地方，也是繁华富庶的金银宝地。

清末以后，门东成为南京城南的一片老城区，虽然故都的余温没有褪尽，但也逐渐被民居所覆盖。经过时间的洗礼，老城南的江南传统民居建筑风格开始缓慢形成。直到今天，为了保存老城的金陵风貌，南京复原了城南历史文化保护区，于是就有了老门东。

老门东北边是老街的牌坊，牌坊的楹联写着"市井里巷尽染六朝烟水气，布衣将相共写千古大文章"。一副楹联道尽了金陵城中事。牌坊和明城墙中间的这段路，就是老门东的一段轴心路，有金陵刻经、德云社、民俗工艺和南京小吃——南京白局，一片旧时金陵的景象跃然眼底。

老门东南边抵着明城墙，江南的绿爬上砖瓦，浸入石缝中，这一段城墙完全没有了最初守城御敌的战斗状态，而是和今天遛弯儿散步的南京人一起，融入了老门东的安逸恬淡生活。

老门东里江南味道很浓郁，五角枫在黑色的木楼前绿得耀眼，蔷薇喧闹着爬上了石拱门，爬山虎顺着巷子深处蜿蜒而去，整个街区处处都有精致玩味的小景。街巷里错落

1. 很久没逛这样小巷了，弯弯曲曲不知道通往哪里
2. 斑驳的墙壁显露出一种沧桑的美

瓦库是一个喝茶的地方

放着从前旧物，石磨养些小鱼，马槽种些小花，月季和山茶开得一团锦簇。

再话门东

　　老门东不算小，沿街的民俗工艺很多。不论是茶馆还是咖啡厅，剧场还是小铺子，都古韵十足。中轴路东、西两边各有延伸，延伸出来的小巷就清静得多了，古树的枝干上清晰地印刻着时光的痕迹，树荫下的一口古井，似乎也能让人联想到当年人家打水的情景。小巷里的西餐厅和咖啡馆意境满满，院落别致清幽。比起临街不远处繁华熙攘、热闹喧嚣的夫子庙，老门东这小巷里的安静，犹如路边枇杷树上的稚嫩果实一般令人欢喜。

　　老门东现在的文艺气质在南京是最浓郁的。颇有设计感的影院、主题咖啡馆、情调餐厅、独立工作室如雨后春笋一般，迅速成长着。游客们熟悉的星巴克、德云社，在中央路上很显眼，但也保持着老门东古色古香的风格。还有背街巷子里的杂货铺、茶馆、客栈，风格与品位都是清一色的隽雅、别致。

　　花迹客栈是老门东最美的客栈，不但贵气而且隐蔽，有着十足的金陵气韵，红砖绿植，典雅高贵。难得的是，这样的酒店能做到人文情怀与硬件配置兼顾，艺术性与实用性兼具。

小巷子里的乐悟杂货店里从衣物到软装配饰，从家具陈设到明信片，小物件应有尽有。这里就像一艘装满宝藏的船，等待着路人前来淘宝，等待着过客满载而归。

马铃薯西餐厅，颜好气质佳，有花园般的清新小众气质。餐厅里每一样关于马铃薯的东西都好吃。人们可以在这里安然享受一段老门东的静谧时光。

说到吃，老门东里的老字号小吃不少，有蒋有记锅贴、蓝老大糖粥藕店、黄勤记凉粉、小郑酥烧饼等。尤其是小郑酥烧饼，大清早排起长龙的队伍在老门东成了可说道的一景，味道数十年不变，价格也是如此。

南京曾为京畿重地，但如今那些皇权贵胄的气息已淡去，只剩下这庭院里花花草草的馥郁茂盛。守着此时的南京，望着远去的岁月，只看见一片安宁美梦。

街区资讯

■ 地　　址：南京市秦淮区箍桶巷与剪子巷交会处
■ 特色推荐：花迹客栈、乐悟杂货店、德云社、马铃薯西餐厅、小郑酥烧饼

创意1865

——洋务旧梦，百年兴荣

曾经的金陵制造局，就是今日的南京创意产业园。幽幽小巷里的咖啡香气，花店中的那一团锦簇，工作室里的设计风暴，这里是小众的南京文艺范儿。一切文艺情愫发生得恰到好处，纵有千杯好酒，只微醺不至于大醉，纵有万种风情，蜻蜓点水即止。

李鸿章和他的金陵制造局

1865年，正是清政府风雨飘摇、岌岌可危的一年。这一年，李鸿章从江苏巡抚升任代理两江总督，在聚宝门（今中华门）外的一片废墟上建起一座工厂，这就是金陵制造局。同年，上海有了江南制造局，由此洋务运动浩浩荡荡地拉开了序幕。

如今，在创意1865园区里，保存了一部分清代与民国时期的建筑，有些厂房虽已拆迁，但清同治年间的标牌仍在，如今已然是珍贵的历史遗存。这些建筑颇有当年洋务运动的西洋风格，尖尖的人字屋顶、青砖墙，像工业革命时期的伦敦街头，似乎随时会有蒸汽的啸音传出。

除了清时的建筑外，金陵制造局一些民国时期的建筑至今仍被使用着，有些亭台楼阁散发出的年代感，仿佛是从褪色的旧照片里跃然而出。

梧桐花中的星星曙光

南京人尤喜欢梧桐树，暮春时节，大片浅紫淡粉的梧桐花在枝头轻灵地绽放，风一吹，送给树下行人一阵清甜的蜜香。

创意1865园区里有很多树，看起来倒更像是个公园。大片的树木郁郁葱葱，夏天的傍晚会有很多人在树下乘凉。带着各种照相机三脚架的摄影达人也是园区的常客。

1. 有点儿年头的老建筑，是时间留给人们的记忆
2. 守护艺术家的树，整整齐齐，笔直又高大

$\dfrac{1}{2}$

金陵制造局

　　创意1865园区里的餐厅凡德吧，是家复古风格十足的中餐馆，充满了工业时代的味道，与园区的气质暗相呼应。虽然身兼酒吧与餐吧，但这里一点儿也不喧嚣，独具工业时代的沉稳大气。

　　唯美的小花店KATINA，宛如林间的秘密花园。店铺不小，文艺十足。一半是新鲜的鲜花工厂，一半是有着精美插画的会客空间。点上一杯咖啡，在香气浓郁的花海中徜徉，为自己挑选一束鲜花，细品南京创意1865园区的文艺情怀，多么惬意而又自在。

　　先锋当代艺术中心充满了文化气氛和德国包豪斯风格，这座场馆于1934年初建。而民国风的青年旅舍，让这一片寂静的园区在夜色里多了点儿年轻的热闹。

　　南京创意1865园区与北京798艺术区相比，实在太安静了，咖啡馆里的低吟浅唱盖不过梧桐叶下的蝉鸣，元素餐厅满满当当地放着落灰老书，茶馆里的铁壶煮着热水，冒出尖锐的啸音，同样都是Loft厂房，南京创意1865园区却有着一种执拗的肃穆。大约是背负过一场重兵器的历史，也背负过百年前的国家兴亡，许是不会有北京798艺术区的那种活泼桀骜，反而自成一种格调，比"文艺"重那么一些，却也比"情怀"轻那么一点儿。

古老的标牌既是创意也是原生

街区资讯

■ 地　　址：南京市秦淮区应天大街388号（近中华门地铁站）

■ 特色推荐：凡德吧、KATINA、先锋当代艺术中心

苏州

平江路——烟雨江南的文艺气质

诚品生活苏州——有书，有文艺，有生活方式

平江路
——烟雨江南的文艺气质

平江路是苏州现存最完整的一条古街区，保留了自南宋至明末的苏州城坊格局，是老苏州的缩影。它不仅拥有繁华的街道、慵懒的咖啡馆、文艺的书店和餐厅，还有一种根深蒂固的情愫，一种人文情怀，那是经过时光的洗练而得来的厚重感。

沿着河水蔓延的小路

如果你能找到合适的地方登高俯瞰，就会看到一幅水墨画一般的江南美景，屋顶的砖瓦如同笔锋下利落的墨，白墙上的绿如同泼染的夏天。漫步在平江路，只觉得仿若和诗里的苏州一模一样，"君到姑苏见，人家尽枕河。故宫闲地少，水港小桥多"。苏州本地人是不会像游客一样投身于比肩继踵的人潮中去的，他们会坐在桥上，坐在石墩上，坐在河岸边。老人腰里别着个唱评弹的播放机，就在桥上、桥边度过一整个漫长的下午。

这条街上的一砖一瓦，包括那些印有青苔印记的白墙，被路人足迹打磨光滑的青石板，都折射出浓浓的时光味道。路的两边不经意就会看到某座保护建筑，窄窄一条小街即便已经被各种小店小铺盘踞，但平江路里的古色古香仍然如旧。

除了老旧建筑外，平江路最多的就是美丽如画的咖啡馆、小众餐厅、文艺气质的书店、隐藏在巷子里的花园客栈。

覆盖全国文艺街区的猫空书店，第一家店就在平江路上。"寄张明信片给未来的你"这个创意是猫空的专利。老板就是个爱明信片、爱插画的文艺男，店里销售的主要也是团队自己设计的明信片、手绘地图，还卖一些《恋物志》《读库》之类的小众杂志。另外，除了猫空外，初见书房和慢书房也是值得去细细品读的好地方。

山月咖啡在平江路很显眼，欧式复古的风格使山月有着平江路"最美咖啡馆"的美

1. 白色的蔷薇盛放在首家猫空
2. 老城的回忆，雨水润湿了苏州

1. 柳影绰约话苏州
2. 小雪中的小雅旅舍

誉。在这样的咖啡馆里用一整个午后来细细品味苏州的美，也是极有情调的事情。

原创布艺小商店"抽屉"，店面虽然不那么显眼，但走进小店却是满目的繁华。各种原创布艺陈列在玻璃柜里，摆放在货架上，等待着有缘人来带它们回家，也为远道而来的客人留下属于平江路的独一无二的记忆。

平江路的美食足够游客们大快朵颐，路边琳琅满目的苏式点心，足可以迷乱人的眼睛。从大名鼎鼎的人气餐厅到传统的美食小馆，这一条窄巷，能满足天南地北的人。"巷子里的阳光"情调满满，还有观景露台。传统美食"阿木春记"安静地藏在深巷里等你寻味而去。

平江路中段有家百年老字号茶室"品芳"，经营正宗苏式点心，招牌是蟹粉小笼、绿茶佛饼和赤豆糖粥。楼上茶座环境绝佳，临河对窗，苏式点心的甜香在唇齿间回味，整个身心放松下来，享受最最惬意的下午茶时光。桃叶铺甜品店，主打双皮奶、红豆沙和赤豆小圆子，不到十平方米的小店稍显拥挤，地段很好，实属旺铺，但是物美价廉，

价格很亲民。苏菲甜点，这个甜品铺上过好几次杂志、电视，店外高高地挑着布旗，沿河设有露天茶几，杨枝甘露和原味奶酪很不错，就是价格有些小贵。

藏在弄巷里的老时光

平江路丁香巷里有个丁香9号客栈，客栈的特色是十足苏式情调的房间，来自北方的老板会热心地与你分享畅游平江路的攻略。根据他的说法，平江路最有意思的地方都在那些支巷里。其实平江路像一棵树木的枝干，很多枝丫朝着路的两边伸展，细心的客人会把这些小巷一一走遍，从而真正读懂平江路，领略它的美。

一条主路，横街的窄巷有十几条之多。比如狮子寺巷、大新桥巷、传芳巷、东花桥巷、曹胡徐巷、悬桥巷、丁香巷等等。

小雅青旅藏身在平江路东侧的大新桥巷里。它曾是清雍正年间文勤公陈世倌在苏州

传统工艺制作的旗袍

的行馆，后由庞氏先人庞庆麟购得并修缮。旅舍门口即典型的江南古镇小河，春有紫藤夏有芭蕉，背邻耦园，巷口即著名的平江路。我去的时候正值春天，小雅院子里的那棵百年老紫藤花开得正旺，整个院子里都是蜜蜂的"嗡嗡"声和馥郁的香气。搬张椅子坐在门口，看院内蜂舞蜂忙，看院外河边瓠子花白丝瓜黄，恰一个苏州风日好。

800年来，平江路的水流形态、街坊建筑都和过去没什么太大的区别。穿梭在平江路安静的支巷里，感受着古朴典雅的苏州气息，灰瓦白墙，花窗木栅，青石水桥，古人此去经年，江枫渔火依旧阑珊。

拈花于布色
浅笑裁剪成衣裳
不仅仅是衣裳
而是摇曳在日光
中的自信

$\sim$19:00

找寻苏州的惬意生活

街区资讯

■ 地　　址：苏州市平江区
■ 特色推荐：猫空书店、山月咖啡、抽屉、品芳、巷子里的阳
　　光、阿木春记、丁香9号客栈、小雅青旅

诚品生活苏州

——有书，有文艺，有生活方式

蜚声全国的诚品生活苏州，俨然已经成为文艺青年的心头好，更有人为了一睹其真面貌而特意不远千里来到苏州。诚品生活不但有浩如繁星的图书，也是著名的创意文化街区。在这里，有你想要的全部文艺元素，有你想要的文艺气质的生活方式。

把文化放在生活里

初次路过诚品生活的人，一定会感叹"哇，这个百货大楼真棒，真豪华，真高端"。苏州新区的诚品大楼，是一栋金碧辉煌的三角形建筑，它四层楼高，棱角分明。用设计者的话说，这个造型就是想让诚品像一块磁石一样，把人们吸引过来。

2007年，苏州政府向台湾诚品抛出橄榄枝，有意与诚品合作，共同开创诚品的内地市场。在台湾地区，诚品是承租经营的模式，但在苏州，诚品自己买了块地，并有了平地而起的这一栋诚品大楼。苏州的诚品大楼建筑面积超过13万平方米，对于一个书店来说，这个空间自然是过于巨大了，所以在两栋塔楼和四层裙楼里，真正的书店其实只占裙楼的四分之一。其余部分以文化创意周边产业和房地产为主。没错，诚品不但卖书、卖百货，还卖起了房子。这个思路，大概就是为文艺的生活打造一个应有尽有的世界。

诚品书店内部像一个巨大的中空蜂巢，每一块都有各自细致的分工。大楼内部没有挑空，也没有玻璃的电梯。只能步行在每一层中间拾级而上，但从一层通往三层的长楼梯有18米，侧面以书页的样子记录了从1985年到2015年的诚品选书。在长梯上，可以清晰地看出诚品的品位，有经典作品《文化苦旅》《给下一轮太平盛世的备忘录》《苏菲的世界》，有品质作家龙应台、莫言、格瓦拉、骆以军等的作品。走在这个楼梯上，仿佛走在通往书之殿堂的红毯上，两面的墙上尽是文化的荣耀。

誠品生活采集×蘇州
eslite spectrum collection suzhou

onefifteen

誠品選書
eslite recommends

1989
誠品書店創立

1992
1993 文化苦旅

感官之旅

1994
1995 威尼斯日記
蘇菲的世界

1996

1
2

1. 诚品生活·采集苏州
2. 长长的台阶，通往书之殿堂，饶有趣味的设计引人驻足

朗阔的诚品生活

1		1. 呆萌小品，也是诚品生活的文化创意产品精选
2	3	2. 名家的书
		3. 各种各样的旅游图书

诚品的生活方式

诚品不仅仅是家书店，它更是一个文化街区。

诚品的负一层叫作潮流街区，诚品生活采集就在这里，主要是收聚具有苏州味道的商品，缂丝、苏绣、苏扇等。此外，还有服饰、鞋履、箱包等。一层是诚品风格美学，

精选的美食书

有国际品牌和品牌概念店，以衣帽、箱包和精致文艺小物件为主，属于软装配饰。二层是诚品创意设计，包括墨册咖啡馆、音乐黑胶唱片馆等，其次是儿童读物，有文艺杂货与餐厅。三层是书店主体，还有文具馆、展厅和餐厅。

诚品东门右转，就是水岸集市大道，这里云集了苏州最前沿的文艺品牌。这条大道是一段百米多长的沿河石板路，临着金鸡湖的河水，安静舒适。中国大陆首家矩阵咖啡就在这里。矩阵咖啡对品质极为考究，从筛选咖啡豆开始，到烘焙与冲调，每一个步骤都力求做到精益求精，只为将完美的咖啡呈现在客人面前。出自景德镇的三浅陶社，致力用温暖细腻的手艺来为泥浆赋予生命。每一件陶器都是独一无二的艺术品，也因为匠人的心血而有了灵性的精魂。阿原肥皂是来自台湾地区的天然手工皂品牌，是在大陆的首家店。阿原肥皂以自然的生活方式感染着每一个人，让人们体会到加工最少的，改变最少的，往往就是最好的。

可以见得，除了书外，诚品触及阅读文化的方方面面。如此事无巨细，无疑是为文化增添助力。

街区资讯

■ 地　　址：苏州工业园区金鸡湖东畔
■ 特色推荐：诚品书店、水岸集市大道、诚品生活采集

杭州

丝联166——老厂房改造的创意工业园

大兜路——与琴棋书画谈一场民国恋爱

丝联166
——老厂房改造的创意工业园

杭州不只有西湖、西溪、九溪、龙井这些闻名遐迩的景区，也有充满现代文艺情调的文化创意园区。理想·丝联166就是一个由老厂房、老园区改造而成的文化创意园，古老和现代的艺术气息在此得到了完美结合。

创意的前生是工厂

随着文化创意产业的兴起，全国各地都发展出很多文化创意园区，北京有798，上海有田子坊，武汉有昙华林，广州有红专厂，而杭州，因为有了中国美术学院的影响，更添加了无数艺术气息，从早期的LOFT49到后来的丝联166，都成为文艺青年趋之若鹜的地方。

杭州理想·丝联166位于丽水路166号，城北运河之畔，被称为杭州的"798"，虽不及西湖出名，但因它的独特，也吸引了一大批为它而来的游客。

丝联166的名字，源于它的历史。它前身是杭州的丝绸印染联合厂，20世纪50年代由苏联专家设计、德国人监工建立。随着时代的变迁，工厂已慢慢荒废，厂房被闲置。自2000年之后，工业设计风渐渐在国内盛行，从北京798艺术区开始，各地都渐渐发展起由老厂房改造的创意园区，丝联166就是在这样的大环境下发展起来的。一些对艺术有想法和追求的年轻人，用自己的创意把老旧的厂房重新设计改造。因为是老工厂格局，层高很高，开间也特别大，创意者完全可以按照自己的需求，随意分割空间，进行个性化装修。园区里还有很多过去遗留下来的老机器和老设备，如保留完好的鼓风机、纺织机等，创意人士纷纷借助这些老机器做出怀旧复古的风格，将工业风结合现代时尚的特点，做出创意的空间。

1. 丝联166的怀旧招牌
2. 丝联166有很多风格独特的创意店铺

丝联166是由老丝印厂房改造的

后工业文艺复古风

　　热爱艺术的人，往往都热爱生活。现在的丝联166，是杭城文艺爱好者聚集地之一，每一个转角，都可能会遇见令你心动的店铺。

　　在这里，你能感受到思维和现实的火花，创意和生活的碰撞，它是近代与现代完美契合、工业与艺术改革创新的产物。这里拥有典型的Loft后工业时代风格，在文艺复古风刮遍杭城大街小巷之时，这里已经蓄势以待很久。

　　要说丝联166最初火起来的店铺，非"蜜桃"莫属。这是一家由八位首批进驻创意园的艺术工作者合力打造而成的咖啡馆。设计师匠心独具的设计，将老厂房与现代咖啡馆完美地结合起来，既没有放弃20世纪建筑的特色，也不曾丧失新时代的文艺气息。这里放置着许多废弃的旧机器，墙上还保留着拆走涡轮后留下的巨洞，与周围的装饰结合起来，也别有一番情调，据说有不少客人都喜欢坐在涡轮巨洞下创作呢。

　　"蜜桃"的一炮而红吸引了更多的文创青年来这里筑梦。现在，创意园外围一圈多为咖啡店、创意餐厅，如驴马、幸福里等,，还有一家创意酒店。园区里面多为创意店铺、设计公司，大多是有情怀的文艺青年开的，还有婚纱店、摄影工作室。墙体、楼梯、立面都被发挥了无限想象，用绿植、喷漆、涂鸦、绘画、雕塑装点，很受文艺青年的欢迎。

　　不过，周末去的时候，很多店铺和工作室都是关门的，所以去创意园最好的时间是平时的工作日。

街区资讯

■ 地　　址：杭州市拱墅区丽水路166号
■ 特色推荐：蜜桃咖啡、驴马餐厅、幸福里涮锅

大兜路

——与琴棋书画谈一场民国恋爱

大兜路历史文化街区位于京杭大运河大关桥至江涨桥一段东岸一个很小的区域，虽然前后不过几百米，却拥有着香火极盛的香积寺及大量清末民初的民居建筑，是杭州最具民国风情的历史街区。

民国风情街区

杭州的古运河边，保留着很多独具风格的历史街区，而大兜路，是"十里银湖墅"的中心，也是最具民国风情的一条街道。

大兜路自古以来就是运河边重要的集市、贸易、仓储中心，商铺林立，街市繁华。民国时期刊物《杭州通》中曾记载："大兜乃湖墅之一小地名也，亦为拱埠往来城内之要口。"

运河边的历史街区，其建造风格比较相似，几乎都是白墙、黑瓦和木门，大兜路也不例外。街区不长，约780米，东西进深约150米，北有明清著名运河税关——北新关，南有著名清代粮仓——富义仓，东有明清杭州城外三大寺之首——香积寺，地理位置十分优越。

整条街区不仅整体风貌保存得很好，文化底蕴也十分浓郁，许多居民在其间生活，俨然活态的文化遗产。

骨子里的清雅

与别的历史街区不同的是，大兜路的文艺范儿是渗透在骨子里的。

在大兜路，你永远不会看到熙熙攘攘的景象，因为这里的店铺大多都有那么一点点

1. 大兜路上的木公堂艺术馆
2. 如今的大兜路有很多的餐厅、咖啡馆

大兜路在改造中保留了古运河畔的民居

大兜路有着浓厚的艺术气息

　　"清高"，甚至很多都不对外开放，只是取了大兜路的精华之地，做着自己热爱的文化事业，就像古时很多文人墨客，躺进书斋的一方天地，不管世间的春夏秋冬。

　　走在这里，仿佛回到了民国初期。中国传统文化浸润着这里的每一个角落。

　　街角的橱窗内陈列着中国传统服饰，一件件棉麻长衫，开襟盘扣，复古中透着婉约，韵味十足，但大门却是永远紧闭。对面一幅大大的旗袍女人画像旁，是古色古香的霞影琴馆，在这里弹古琴是件幸福的事，经常不经意间推开窗就能遇见与琴谱中相吻合的唯美场景，或落叶纷飞，或寒梅待雪。琴馆的创始人是非物质文化遗产浙派古琴的传承人徐晓英老师，现在琴馆基本是由徐老师的女儿们打理。

　　琴馆对面的围龙三寻，是一家略带"清高"却文艺的客家餐厅。三寻的意思是"寻府邸、寻门径、寻美食"，所以这里很隐晦地特意不设大门，只开了"供嘉友信步而入"的侧门。这里的每道菜都可寻出一则典故，而老板的故事则是免费赠送的。

　　不远处有一家剑瓷视界，就像一个小型的传统文化博物馆，走进里面会体会到中华传统文化的博大精深，不仅可以听一曲古琴，品一杯茶，欣赏传统的杭州官窑青瓷、龙泉青瓷、龙泉刀剑，运气好的话，还能碰上定期开展的以香道、茶道、古琴或周易为主题的讲座，那可是会有大大的收获。

　　再往里走，可以看到国学馆，其门口有一面红色的大鼓，很有传统风味。国学馆很

香积寺曾是通过运河进入杭州的第一座寺庙和离开杭州的最后一座寺庙

小，在里面可以学到一些中国的传统文化知识，还可以体验陶艺、插花等技艺。

大兜路还有一些著名的文艺餐厅，比如江南驿、绿茶餐厅、江南阿二、翠庄等一些格调清雅的茶馆、咖啡馆、创意店铺。如果遇上雨天，在古街朦胧的意境中，找一家喜欢的店铺，就可以花上半天的时光品茗听雨，独享江南好风光了。

街区资讯

- 地　　址：杭州市拱墅区
- 特色推荐：霞影琴馆、围龙三寻、剑瓷视界、国学馆

成都

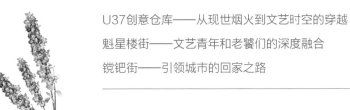

U37创意仓库
——从现世烟火到文艺时空的穿越

冬日下午四五点的阳光很温和，光线弱弱地照在U37创意仓库园区的建筑顶上。泛黄的墙面、掉光了叶子的爬山虎、咖啡馆斜面屋顶的瓦片、枯黄了树叶的高大梧桐，这些景物错落着，相互映衬，形成了一幅和谐的构图，一种奇特的温暖感觉，让人心头泛起旧日的时光涟漪。园区内集中了各式各样的咖啡馆和餐馆，老旧的建筑和朴素的藤蔓构成一种随意的美，充满浓浓的文艺调调。有阳光的冬日下午，一个人，一杯咖啡，一本书，会让人产生一种出离现实的美好。

U37的前世今生

U37创意仓库的名字有点儿拗口。占地20亩，和东郊记忆一样，都是由旧工厂的仓库改建而成的。U37的前身是一个医药集团的工厂，2012年开始陆续改建。东郊在人们的记忆中不知何时逐渐变成了动漫基地，每次进去都会有成群结队的紫发短裙cosplay人物迎面而来，风格过于另类和夸张。U37这么多年则一直不温不火，让人喜欢它的闹中取静和现世安稳。

U37外面就是水碾河路南社区，貌似一个菜市场，三三两两的老人坐在长凳上晒着太阳，沉默而又宁静。经过这片杂乱的街区，穿过路两旁的小摊小店，一进入U37大门，时空仿佛瞬间转换，一下子从现世烟火穿越到文艺时空。

吃、喝、玩、乐一站齐全

最适合这里的当然是下午茶时光。无用的古董杂货铺，就像店名一样另类，老房子的墙上缠绕着藤蔓，玻璃门嘎吱作响，里面错落有致地堆放着各种"无用"的古董——有1890年英国伯明翰和谢菲尔德生产的银器、20世纪30年代上海老理发厅的一把转椅，还有100年前的废弃木质门板。虽然它们的使用功能已经退化或丧失了，但是每一件古董和每一处细节都显示了店家的情感和用心。在这样复古怀旧的氛围中，度过一个

1. 冬日下午四五点的阳光温柔地照在U37创意仓库园区的屋顶
2. 被粘黄藤茎缠绕的无用的古董杂货铺

爬山虎在冬日依然倔强地保持着活力

有阳光的午后最是美好。

位于园区大门位置的绘咖啡大概是最早入驻这里的商家，无论是装修细节还是咖啡口味，店家都很用心，门口摆着的洒满阳光的桌椅，也是年轻姑娘们最爱拍照的地方。朴植原途良品生活馆，U37怎么能缺这么一家文艺清新的店铺，我喜欢他们网络主页的这句话——朴素的生活，遥远的梦想，这是一个由杂货插画师和设计师用梦想浇灌的文艺空间，拥有各色西式茶点——德国百年茶庄直供的花果茶、自调的养生花草茶、美国奢侈品牌Tea Forte等，还有世界各处搜罗来的优质杂货。这里会集了一大群活跃于创意市集的手工达人，长期举办各种特色沙龙。坐在二楼窗边的位置，看得见外面相邻屋顶藤蔓缠绕的绿意葱茏，午后时光，清净悠远。此外，还有致力高端精品烘焙的UID Cafè（烂李子），号称目前成都味道最跟国际接轨的甜品店，在成都甜品界名气很大，坚持用最好的原料做最好的蛋糕，确实不容错过。

和个性鲜明的甜品咖啡店相比，U37的美食略逊一筹。不过以小龙虾为主的冷啖杯、羊肉汤，甚至还有KTV的虾子酒馆，以及拥有复古造型铜火锅的炙鼎香老成都忆火锅，都足以让人饱餐一顿。

另外，这里还藏着一家很有个性的青年旅舍——成都七号仓库青年旅舍。这是一个艺术家开的青年旅舍，每周六晚上有电影放映活动，偶尔也有导演亲自到场，一两个月会有一次展览，是一个不会让你感到拘谨且温暖的地方。

这样的园区当然不能缺了酒吧。克林酒吧不大，但很有氛围，门口有很多露天座位。晚上十点后驻唱歌手开始表演，现场气氛十分热闹，喝一杯有特色的鸡尾酒，度过一个美好的夜晚。

创意店铺无所不在

既然叫作创意仓库，U37也拥有很多创意小店。除了上面所说的个性咖啡馆和甜品店外，还有多肉植物和陶艺相结合的生活体验馆。Hao多肉生活陶艺体验中心的布置很漂亮，俨然多肉爱好者的天堂，各种多肉植物被培植得生机盎然，店主一定是有情调且热爱生活的人。这里不仅出售多肉植物，顾客还可以体验陶艺制作和享受下午茶。小店文艺范儿十足，安静又美好，店主总是很乐意讲解和指导养多肉植物的知识和经验。这里的陶瓷DIY也很有特色，在店主的指导下，享受从捏陶到上色再到上釉的全部过程，当自己亲手制作的陶器出炉时，那种满足感实在令人兴奋。

That vintage shop是一家从线上开到线下的复古服饰实体店，也是成都第一家欧式vintage实体店。店内主营20世纪20—80年代的复古衣服、配饰以及少量古董单品，每一件服饰都是店主从欧洲精心挑选运回国的。从2012年开设网店，到2013年成立工作室，再到现在的实体店铺，店主一直用心经营。店铺外面有一个非常漂亮的花园，

1. 享受温馨的下午茶时光
2. 文艺范儿的咖啡馆吸引着路人

现世烟火和U37创意仓库仅一墙之隔

1 | 2　　1. 闺密的下午茶时光
　　　　2. 绘咖啡的招牌拉花咖啡

美得让人忍不住拍照。一层的陈列非常漂亮，让人感觉时光倒流回到20世纪80年代或更久远，你可以在这里寻觅各类复古衣服和配件，店主还会根据客人的特点和喜好帮忙推荐。

　　园区竟然还有一家永久自行车专卖店，这也是全成都唯一的永久自行车专卖店，店内还有十多种复古自行车，感觉老板卖的不仅是自行车，更是满满的情怀。壹号单车工厂则是一家有趣的店铺，你以为是自行车行，其实它还是一家酒吧，你以为仅仅是酒吧，其实还可以打麻将，老板非常酷，还时不时举办烧烤party。

　　在U37消磨整整一个下午，走出园区，再穿过门口那条破旧的街区，便从文艺时空又重新穿越回现世烟火。

街区资讯

- 地　　　址：成都市锦江区水碾河南路三街37号
- 特色推荐：无用的古董杂货铺、绘咖啡、朴植原途良品生活
　　　　　　馆、七号仓库青年旅舍、克林酒吧、Hao多肉生
　　　　　　活陶艺体验中心、That vintage shop、永久自行
　　　　　　车专卖店、壹号单车工厂

不知从什么时候起，魁星楼街已经成为成都的新美食一条街。我的选择困难综合征总在来这儿时爆发：是去冒椒火辣排队，还是到成都吃客捧场，要么还是去环境小资的瘾食看看电影喝喝小酒吧？晚饭后是去没有猫窝一会儿呢，还是去澄素喝杯手冲咖啡，要不就去觅豆豆花打包一份豆花甜品。

当然，最爱的还是深秋时节的魁星楼街。粗壮的银杏满树金黄，把整条街道渲染成一个绚烂的世界。大家都喜欢坐在明堂门口，地面上盖着厚厚的一层落叶，那株大树几乎把整整一栋楼完全掩映在浓密的树荫下。晒着暖暖的太阳，喝一杯香浓的咖啡，人生竟然如此惬意。

一个创意园带动整条街区

早些年我还喜欢在小通巷和泡桐树街晃荡的时候，魁星楼街只是一条普通得几乎让人记不住的小街。和附近热闹的拥有无数私房菜和酒吧、咖啡馆的小通巷相比，这里只有零零星星几家小店，我依稀记得当年在这条街上最显眼的西关二少和麦塔立薄饼馆。这几家店可以算作魁星楼街的开拓者，那个时候已初见文艺清新的气息，可惜终究未成气候，如今这几家店早已消失不见。

直到2014年有了明堂，魁星楼街突然焕发出靓丽的新颜。在明堂创始人于侃的带领下，一群"70后"文创人将位于街口的一座不起眼的大楼打造成了文艺青年们的聚集地——明堂创意园。这栋带着鲜明德国风格的黑色建筑原本是20世纪80年代修建的社会大学，老房子已经闲置多年，竟然以这样的方式重生。

还没进入明堂，远远就看见大楼上显眼的熊猫宣传画和明堂创意园的巨大壁绘。进入明堂，最先映入眼帘的是"Nu纽"字样的门牌，这就是著名的Nu纽咖啡馆，同时也是明堂的大厅，只需在这里办一张100元的咖啡月票，就能每天喝到一杯可以无限续杯的美式咖啡。在这里喝咖啡的同时还可以享受阳光，更多人带着笔记本电脑在这里办公。明堂大楼内目前已有几十支文化创意团队入驻，包括很多国内外青年设计师，涵盖影像、绘画、音乐、木艺等方面，形成了丰富的文化创业综合体。艺术家们认为，"明堂坐落于一个普通的生活社区中间，与周围居民的生活融为一体。大家能够乐活于城市

深秋时节的黎里路特其他地方

春日银杏树下的没有猫甜品店

的社区，反而能从日常的生活中找到素材，碰撞出灵感"。

　　这栋楼里隐藏着以精致花艺出名的Masquer Floral假面先生花艺工作室，有吸引了很多粉丝前来观看并精心打磨一件木器的在地手作，也有致力发掘和展示有潜力的年轻艺术家作品的饮光画廊，还有美食大师蔡澜的关门弟子文西开的初心素食馆。

处处美食叫人如何选择

　　和我一样有选择困难综合征的人来魁星楼街总是特别纠结，因为这里实在有太多好吃的东西。小街被淹没在美食餐馆的汪洋大海中，一到晚上众多馆子门前就挤得水泄不通，排起长队，将这里称作成都的美食一条街毫不为过。

　　且不说排队排到地老天荒的串串红店冒椒火辣，要想在他家抢到位置必须得在开店的第一时间就来排队，菜品也得靠抢。银杏树下人潮涌动的成都吃客也不遑多让，这是一家装修简单口味却不简单的地道川菜馆，在本地食客眼里，是非常价廉物美的。

　　如果对环境有更高的要求，那就去明堂一楼的瘾食电影主题餐厅，这里主打重口味略有改良的自贡菜系，可以一边吃饭一边看电影。另外还有很多其他的选择，譬如少城老味道，生意也很火爆，传统的店面和装修，口味地道的川菜是这里的特色。相邻的

一边是文艺清新的文创园，一边是市井生活的居民区

二孃鸡爪爪也很不错，软糯溜耙、味道浓郁的鸡爪爪，搭配一碗特色银丝面和一瓶峨眉雪，这是我每次去二孃的标配。相对宽窄巷子周边的高价餐饮，魁星楼街的美食性价比非常高。

喝一杯咖啡，吃一份甜品，消化火辣辣的夜晚

吃完火辣的川菜或串串，总是需要甜品来中和一下。在冒椒火辣斜对面，就有一家人气很高的法式甜品店——"没有猫"，这家甜品店采用进口食材，以米其林西点工艺经营手作法式西点。店主阿醋是一位女性摄影师，她把对甜品咖啡的热爱以及对质朴生活的向往全部呈现在了她家的甜品中。

也可以寻一个清净的咖啡店。澄素Oranveg是一间很有个性的专业咖啡馆，店内虽小却明亮通透，老板号称没有Wi-Fi只卖咖啡，可以在这里喝到非常专业的手冲咖啡。走走亭亭咖啡馆则拥有温馨的气氛，除了咖啡外还卖奶茶等各类饮品、甜点、简餐，与外面热闹喧嚣的气氛相比，这是个适合安静发呆的地方。

如果吃得太饱不想坐下，那么去觅豆豆花甜品店，打包一份豆花甜品边走边吃也是好主意，这可是传说中成都最好吃的豆花，招牌的提拉米苏豆花有创意，有颜值，有味

1 | 2
1. 走进魁星楼街，远远就能看见这个巨大的熊猫墙绘
2. 明堂一楼的安静角落

美，一份冰凉的甜品能够让整个夏天都清凉下来。

等等，那边为何这么多人排队？挤过去一看，原来是著名的魁星楼街网红糖油果子。这是一家数年如一日在周边流动游走的小摊，最常出没的位置就在冒椒火辣附近。老板见惯了大场面，非常熟练地招呼食客排队，看着老板现场和面、翻炒、加糖、上色，小小的团子在油锅中翻转沸腾，每串五个三块钱，等终于拿到手里的时候心里那叫一个满足。不过，经常有小伙伴特意来寻这家小摊而不得，让我悄悄告诉你他的出摊规律吧，早上一般在吉祥街，晚上大约在魁星楼街街口位置。

迎着晚风喝一杯小酒

就在Nu纽咖啡馆的斜对面，还有一家叫作卡桑里的文艺小酒馆，工业风的装修，简单、颓废、随性。当然，白天总是关门状态，不过当你吃过晚饭后，它也随着成都的夜生活一起亮了起来。小店主打各类鸡尾酒和果酒，真材实料，酒的度数不高，出品特别

$\dfrac{1}{2}$

1. 走走亭亭，就好像我们总在魁星楼街走走停停
2. 坐在安静的咖啡店，看窗外人来人往

1 | 2　1. 可以边看电影边吃饭的瘾食电影主题餐厅
　　　　2. 这就是Nu纽咖啡

美貌。店里也不吵闹，最适合三两朋友怡情小酌。

　　魁星楼街距热闹的宽窄巷子并不远，却仿佛属于另一个悠远清净的世界。从最初的宽窄巷子，到接下来的小通巷，再到后来周边的魁星楼街、泡桐树街……我喜欢这些普普通通的老社区小街道，在老旧而简陋的居民楼底层，各种独具风情的小店，咖啡、西餐、甜品和那些粗犷的川味干锅、串串火锅比邻而居，大家相安无事，相映成趣。

街区资讯

- 地　　址：成都市青羊区
- 特色推荐：明堂创意园、Nu纽咖啡馆、Masquer Floral假面先生花艺工作室、瘾食电影主题餐厅、澄素、走走亭亭咖啡馆、觅豆豆花甜品店、糖油果子、卡桑里

锒钯街
——引领城市的回家之路

从繁华的太古里拐几个弯，就来到了这条叫锒钯街的小巷。走在狭窄的街道上，满眼的小店密密匝匝，各种个性十足的咖啡馆、餐厅、花店、酒店、茶室、陶艺店、杂货铺，还有成都唯一的24小时营业的书店，当然最出名的还是七八家日料小店。或许你觉得锒钯街很短，来回走上两遍不超过半小时；但更多人觉得锒钯街很长，随便进入一家小店就可消磨半天光阴，要想把这些有意思的小店全部逛一遍，只恨自己的时间不够多。

从前的大慈寺兵器库，今天的文艺新地标

锒钯，音为tang pa，这是两个生僻的汉字，若不是因为锒钯街声名鹊起，我猜大多数成都人也不一定认识。按照民俗专家的解释，这条小街的名字由来和大慈寺有千丝万缕的联系。据说从前大慈寺面积非常大，现在的锒钯街这一片也属于大慈寺。当时，僧侣们练武时使用一种叫作"锒钯"的厉害兵器，而锒钯街这块区域就是用来存放这种兵器的库房，这里因此得名锒钯街。

传说终究是传说，僧侣和兵器早已随时间消逝于历史之中。如今，经过重新打造的锒钯街不再是大慈寺的兵器库，而是成都的文艺新地标。

和其他地方不同，锒钯街的店铺分布得非常密集，小而精致。这里藏着我个人很爱的一家小咖啡店Let's Grind。如果你走进这间不起眼的小店，看到吧台站着一位两手大花臂的个性咖啡师。恭喜你！这可是咖啡界的大师——2011年世界咖啡师竞赛中国区冠军干施林，他曾代表中国参加了哥伦比亚波哥大世界咖啡师比赛。Let's Grind的单品手冲咖啡极为出色，冲好后可以冷、热两种方式享用，回味无穷。若有机会路过锒钯街，请在这家不起眼的小店稍稍停留片刻，喝一杯或许算是成都最正宗的咖啡。

如果将Let's Grind形容为一个充满个性的摇滚青年，日记DIARY咖啡则像一个秀气的小姑娘。这家小小的店面隐藏在格调书店的斜对面，一不小心就会错过。它已在锒钯街开了四年之久，经过重新装修的店面宽敞明亮，布置了老板从世界各地淘回来的很

春天的锐粑街街口，黄桷树亚发新叶

花肆料理门前的鲜花总让人误以为这是一家花店

多精美咖啡杯和器具。店内主营单品咖啡与意式咖啡，有专业的咖啡豆烘焙机，除了单品咖啡外，还有美味的奶茶和焦糖布丁。最让人印象深刻的是墙上摆放的这四年来所有客人写下的留言本，素不相识之人经历过的那些时光特别让人感动。真希望这种单纯、美好的小咖啡馆能够一直留存在这个城市的各个角落。

说起宓集艺术文化坊，喜欢台式饮品的朋友一定知道仙草宓，这是一家台湾老板娘开的小店，甜品和饮品都是台湾地区风格，用料实在，味道浓郁，感觉很有台湾地区的原汁原味。相比从前单纯的甜品店，现在店内还售卖一些书籍和文创产品。

有精致日料，也有味美西餐和麻辣小面

在老饕们眼里，锦钯街俨然就是美食一条街。这里号称成都的日料一条街，狭小的街道密集分布着日料小店。如果不爱日料，你还可以在充满复古情怀装饰的西餐厅品尝牛排和比萨，甚至还有重庆小面和西北风的洋芋片小吃。

秋野刺身是一家很受欢迎的充满迷你居酒屋氛围的日料小店，坐在吧台近距离观看厨师亲手制作日料的感觉有些奇妙，鹅肝寿司香嫩可口，土豆沙拉口味惊艳，是一家小而精致又性价比很高的好店。而上善本味是锦钯街日料小店的最先行者，多年来一直受

这是一家专注陶艺器具的小店，有一个翠竹摇曳的雅致门面

到食客追捧，招牌菜是花样招牌卷和香杜三文鱼寿司。一洋寿司在成都很有名气，锐钯街也有一家分店，浓郁的日式和风装修风格加上新鲜食材，人气非常旺。

日本茶道文化有个词叫"一期一会"，意思是一生只能遇到一次的人或事物，意境浪漫之极。锐钯街有家日料叫作"一会一味"，木质装饰搭配暖黄灯光，夜幕下的感觉特别温馨，食物不但赏心悦目且味道不错，还有精致的拿破仑蛋糕。说到意境，不得不提一家总被误认为是花店的日料，因为他家门口摆放的鲜花实在漂亮，而且拥有一个和鲜花同样美好的店名——花肆，我喜欢这里的薄切三文鱼和烤青花鱼。

除了日料外，你也可以在锐钯街享受其他美味。妙享是一家装修复古浪漫的西餐厅，各种细节田园小清新，主打牛排和比萨，特别适合闺密聚会，在这儿拍照也很漂亮。爱上比萨Amore Pizza据说由三个法国人投资，专营意大利美食，服务员是中文不错的外国小哥，餐厅是开放式厨房，可以近距离观看比萨的制作过程，这里的比萨和意面都很受欢迎。在锐钯街3号的小区深处还隐藏着一家人气很高的私家海鲜厨房，传说大厨是个爽朗的东北姑娘，她的宗旨是"用最好的食材做最好的料理，只做好吃的东西给爱吃的人"。

1 ──
2

1. 就连重庆小面也有浓浓的文艺腔调——麦田的风
2. 仿佛走入日剧中的居酒屋

有温暖灯光的小店，像是一幅日剧画面

1|2　1. 咖啡大师干施林开的咖啡小店——Let's Grind，门面很低调
　　　2. 日料小店的装饰，具有浓浓的日式和风氛围

回家之路

　　说到锐钯街，不得不提到因为艺术家王亥的重新打造而闻名遐迩的崇德里，我觉得这里是让锐钯街真正充满人文气息的所在。别看这是几座不起眼的老宅，它们曾经见证过老成都的诸多历史与沧桑，著名作家李劼人在这里开过嘉乐纸厂，这里也曾作为抗战期间成都文艺界抗敌协会的办公处与联络处。曾经的繁华已然凋落，新中国成立后这里的房屋被分给城市居民居住，变成了日渐破旧的低洼棚户区。2011年，王亥终于在崇德里找到了一条"回家之路"，并由此为崇德里带来了新生。在保留了建筑的原汁原味的前提下，实施选择性拆除改造，崇德里的历史风貌得以最大限度地保留和修复。这里被打造成了吃、喝、住一体的复合型社区，分别有私房菜馆"吃过"、茶文化馆"谈茶"和小型精品酒店"驻下"，传递出王亥发现"一个城市的回家路"的主旨。这里已经是成都文艺达人的聚集地，酒店的定位也比较高端，但茶饮区却依然保持着传统老成都的风貌，统一28元一杯，而且只有花茶与绿茶两种选择，和从前的成都老茶馆一模一样。

　　紧挨崇德里还有一个有趣的地方，叫88号青年空间，这也是锐钯街的知名地标之一。这是一个足有800平方米的两层红砖房，经常举办各类文化艺术交流、展览、沙龙、培训、讲座、创业指导等公益活动，这里的素食餐厅也颇有特色。88号青年空间有

1 | 2
1. 到锐钯街怎能不尝试日料——厚切三文鱼和北极贝刺身
2. 锐钯街上的餐饮非常丰富，既有清新的日料，也有火辣的小面

一个古色古香的小院，宽敞明亮，环境优美，阳光静好的春日午后，坐在大树的浓荫下喝茶无疑最有老成都的情调。

说到文化气息，怎能少了书店？轩客会·格调书店就适时地开在88号青年空间对面。这家书店隶属新华文轩，却有人们未曾见过的传统新华书店的另外一面。这家店集书店、咖啡店、文化商店于一身，还是全成都第一家24小时营业的书店，隐隐有些文化创意区的意味，尤其喜欢书店门口的户外空间，桌椅摆在银杏树下充满浓浓的文艺气息。想象深秋时节坐在金黄的银杏树下看书，黄叶扑簌簌地掉落在面前的书页上，实在浪漫之极。

街区资讯

■ 地　　址：成都市锦江区
■ 特色推荐：崇德里、轩客会·格调书店、88号青年空间、
　　　　　　Let's Grind、日记DIARY咖啡、宓集艺术文化
　　　　　　坊、秋野刺身、上善本味、一会一味、花肆

广州

红专厂——广州代表性文艺街区

小洲村——古街巷陌里的文艺范儿慢生活

太古仓——广州最潮的码头艺术风情区

红专厂
——广州代表性文艺街区

几十栋废弃的苏式红砖厂房，墙上满是不羁的涂鸦，不远处的机器似乎还冒着蒸汽，月台上的小火车仿佛下一刻就将出发……红专厂，这个由广东罐头厂蜕变而来的艺术创意园区，现在有多家画廊、艺术家工作室、展厅、书店、文创品店、摄影棚、餐厅等驻足其间，处处充满浓厚的艺术气息。

红专厂的前世今生

一个多世纪之前的1893年，中国最早的罐头食品厂——广茂香食品厂在广州创立，世界上第一罐"豆豉鲮鱼"在此诞生。1956年，国家在广茂香的基础上筹建广东罐头厂，几十座苏式红砖厂房在珠江岸边拔地而起。

1994年，广东罐头厂正式更名为广州鹰金钱企业集团公司。2008年9月，厂房搬迁到了远郊的从化，这一大片在工业时代曾经忙碌热闹的园区从此空寂、生锈，慢慢生出了许多令人感慨的深沉和沧桑感，连路过的行人都情不自禁驻足半晌。

2009年，著名设计公司集美组了解到，罐头厂地块将作为住宅用地挂牌出售，于是，他们通过各种渠道游说政府放弃卖地，将旧厂区建设成珠江北岸的创意产业园区，之后，在高涨的保护近代民族工业遗产的呼声之下，罐头厂得以华丽变身，成就了今日的红专厂。

为什么叫红专厂

整个红专厂园区面积达17万平方米，斑驳的灰色厂门，醒目的红色招牌，锈迹斑斑的齿轮和传送带，满满都是广州那一段辉煌过往的烙印，而其内在空间及建筑群特质又使它散发出一种独特的魅力。它是这座城市的历史肌理，更是一个时代的人难以磨灭的

红专厂里的集装箱装饰

1 | 2　1. 红专厂当代艺术馆
2. 红专厂360° 书店

　　集体情结。

　　至今，仍然有许多人将红专厂误写为"红砖厂"，其实，将这片园区叫作"红砖厂"似乎也不失妥帖——那几十座苏式厂房，左、右呈中轴对称，平面规矩，主楼高耸，回廊宽缓伸展，高大结实，浑然一体，那些厚实的红色砖墙和红瓦尖顶，堪称可当百年大任的"良心工程"。

消磨整个午后时光

　　红专厂有各式各样的精致特色小店，足以让人们消磨整个午后的时光。那些极富年代感的红砖厂房，工业时代的厂间小路和葱茏大榕树，总能带给人仿佛喧嚣都市之外的一种空旷和清爽；道路上依旧竖立着罐头厂时代的路牌，车间街、解冻街、制罐街、仓储街……带有强烈的工厂化色彩；这里经常会有不同主题的画展、摄影展或先锋影展，

<table>
<tr><td>1</td></tr>
<tr><td>2</td></tr>
</table>

1. 表叔茶餐厅内墙上的图画
2. 昔日的老厂房，现在的文创区

而在平日，那些小型的文创用品店、手工艺品店和餐厅、咖啡店，则无疑是红专厂园区内的"主力"。

红专厂当代艺术馆拥有2000多平方米的展览空间，自2014年正式落成之后，先后举办过"碌碌无为——王璜生个展""黑鸟——以色列艺术家阿薇塔·迦南倪个展""新朦胧主义巡展""这里没有问题——沈少民个展"等十几场展览。当代艺术给人的印象往往是"语不惊人死不休"，这些展览中，虽然有一些让人无法理解的东西，但当中一些关于人性、情感的演绎，却依然分外动人。

$\dfrac{1}{}\Big|\dfrac{2}{3}$　1. 昔日用来运输工业物资的火车站月台和铁轨
2. 红专厂卡通形象
3. 园区内雕塑

　　360°书店是园区内最大的一间文创品商店，坡屋顶，大开间，厚砖墙，老旧红砖墙面没有一丝粉刷，斑驳的岁月痕迹裸露无遗。书店的前半部分是创意产品展示区，书籍区在后半部分，店内充满了浓郁的设计氛围。这里有故事、有内容、有美学的元素，早已经不是一个纯粹的图书销售空间了。

　　Hanging Garden浮阁艺术咖啡厅仿佛是工业时代的一个高雅的艺术空间，铸铁椅子配暖黄色灯光和古朴木地板，店主从世界各地搜罗来的各式小摆件复古味道十足，还有墙上的巨幅油画，使得这里满满都是文艺范儿。而离得不远的黑胶时光咖啡店却是以摄影为主题，而不是电影，别致的吧台旁一台古老唱机，内部空间如同长廊一般，坐在落地长窗前喝杯咖啡，选一张店主的老唱片，放一首喜欢的歌，仿佛时光倒流，个中滋

海报

味尽在不言中。

　　红专厂里面也有好多家文艺餐厅，无论是环境还是出品都称得上上乘——花半间景观概念餐厅主打新概念粤菜，气氛清雅宁静，菜品赏心悦目；蚁工房是一个以哈雷摩托为主题的私房菜馆，门前那口大锅是罐头厂时代的遗留物，餐厅外边很奢侈的有一方小小荷塘，悠闲舒适，气氛不言而喻；表叔茶餐厅走的是港式情怀路线，西式阳伞和咖啡台凳，露台宽敞，气氛文艺，被网友推荐为红专厂热门的去处之一。

街区资讯

- ■ 地　　址：广州市天河区员村四横路128号（近美林海岸）
- ■ 特色推荐：红专厂当代艺术馆、360° 书店、Hanging Garden浮阁艺术咖啡厅、黑胶时光咖啡店、花半间景观概念餐厅、蚁工房、表叔茶餐厅

小桥流水，桨声灯影，淡淡雅趣，幽幽古韵，一说起小洲村，总是有道不尽的岭南广府味道。其实，这个有800多年历史的水乡小村，除了纯朴自然、清新恬淡的古村气息外，更让人津津乐道的是潜藏于巷陌之间那些独具文艺范儿的小店——无论是咖啡馆，还是手绘屋，抑或是酒吧、手工艺品店。当古旧岭南大屋遇上时尚潮流的渲染，那份不一样的艺术气质就变得分外迷人。

小洲村
——古街巷陌里的文艺范儿慢生活

古韵犹存的岭南水乡

小洲村其实离广州中心城区很近，每次踏进这个小村庄，都有一种非常奇妙的感受——仿佛从繁华都市倏忽之间转换至田园乡居生活模式，一闹一静之间，恍如梦境，别有一番滋味。

这个古村河涌蜿蜒，舟楫绕行，渔家枕河，石板小道，古榕成荫，现在村里仍保留有各式各样的石桥50多座，古井、古堤岸、古码头更是随处可觅。祠堂庄重，宫庙朴实，清溪绿树，灰垣素瓦。游人可以在司马府第前的巷子里拍下自己行走的影子，听说门口牌匾上"司马府第"四个字是由广州著名书法家周树坚题写的；也可以在娘妈桥边静望三三两两停靠的小船，想象一下古时登瀛洲码头悠然抒情的样子，这座简朴素雅的娘妈古桥，通向村中另一处古迹天后宫，那个被村民亲切地称为"娘妈"的女子，依旧在天后宫的神座上俯瞰着芸芸众生，脸上带着温柔体贴的笑意；翰墨桥边，慕南简公祠却是大门紧闭，2003年，著名雕塑家尹秋生在此开设了雕塑工作室，但据说尹秋生与他的工作室已经在三年前离开了……

走街串巷寻小店

小洲村另一个吸引人尤其是吸引年轻人的地方，是它那潜藏于古街小巷里的众多个

文艺咖啡馆

小洲村独有的蚝壳屋

从前的 日色 变得 慢

车马 邮件 都慢

一生只够 爱一个人

从前的锁也好看

钥匙精美有样子

你锁了 人家就懂了

文艺范儿十足的路牌

文艺范儿店招

性小店，"理想病""出格""邓小猫""梦田""平白无故""鹊巢鸠占"……每一个名字都那么个性十足。许多店都开在古屋里，清水砖墙，头顶明瓦，地上尺二红砖，说不出来的整洁、简约，让人心生欢喜。更难得的是，卖的东西都相当具有原创精神，明信片、书签、手工皮具、服装、饰品等等，有些甚至仅此一件。

南洲大街上的夜航船，最早是一间Bar，后来改成了手工皮具工作室，售卖一些原创饰品和家居摆设，同时也提供咖啡和简餐。夜航船有一扇小小的门，白天经常虚掩着，透过门缝，可以看见两个年轻人正在木制长桌前埋头缝制皮具，淡淡的阳光漏进屋内，一只三条腿的虎斑猫眯着眼睛在桌子上打盹儿，它是夜航船的"店长"，曾经是一只流浪猫，店主人从车祸现场将它抢救了回来，它自己凭借着顽强的生命力，竟然完全康复了，从此成了小洲村里的明星猫咪。现在，它每天都在店内"巡视"，虽然走动不便，但仍然尽职尽责，凡是进店的客人都无不为之惊叹。

世外米都，不仅有小洲村最著名的土窑柴火比萨，还有老旧岭南古民居里的客房和一位一头长发文艺范儿十足的老板。米都的庭院最是让人喜欢，绿植夹道，鲜花满径，小径的尽头是咖啡屋，满窗的天蓝色玻璃衬着青色砖墙，安静又热烈，那里一整天都充满了懒洋洋的咖啡气味，让人沉醉其中不愿意挪动脚步。

No Reason咖啡餐吧，最喜欢店内那一条摆满书籍的木质楼梯，满是书卷味，让人安静。里面的装潢很有欧洲乡村小咖啡馆的味道，长沙发、小圆桌，书架上满是漫画、旅行、精品生活的书籍，窗前绿萝正袅娜，旺盛地沿着花架攀缘。啜一杯咖啡，尝一块

1│2　　1. 窗外可爱的小装饰在各家小店随处可见
　　　　2. 小洲村最大的一座宗祠

主人亲手烘焙的蛋糕，阳光正好，心情正好。

　　夜晚，小洲村出奇地安静，脱离了灯红酒绿，游人似潮水退去，只留下静谧、淡然。路灯下，雨后的石板路泛着青光，零星几个没打烊的小店里透出微微亮光，晕黄、温暖，仿似星光点缀着水乡深处的深巷，慢慢走过，恍惚听到小娟的歌声传出，再细听，又淡然消散，终于不知所终……

街区资讯　　■　地　　址：广州市海珠区小洲艺术村（瀛洲生态公园对面）

　　　　　　　　　■　特色推荐：夜航船、世外米都、No Reason咖啡餐吧

这里原是珠江岸边一处具有百年历史的货轮码头仓库，如今已是集文化、艺术、创意、展贸、休闲娱乐等业态于一体的新型创意文化区域——这里有全国第一家微电影文化广场，有广州唯一的星光大道，有广州第一座欧陆红酒博物馆。在这里，两个仓库之间的过道可以变身为服装秀场，开在红砖老屋内的电影库里，设有经典影片拷贝展示区，有传统，有经典，有华美，让人不禁流连驻足。

太古仓
——广州最潮的码头艺术风情区

一座码头的昨天与今天

当年修建这座码头和仓库的，正是英国的太古洋行，号称世界上最纯正的太古方糖，就是他们家制造的。太古仓码头原来叫作"白蚬壳"，从1904年开始，太古洋行前后花了七年时间，在南珠江边建了三座栈桥式混凝土码头，外加八个英式风格的大仓库，来自世界各地的货轮夜以继日地在此进出。从此，人们便习惯将此地称为太古仓，而白蚬壳的名字竟渐渐被遗忘，最终消失。

2007年6月，最后一艘货船驶离太古仓码头，它整整100年的历史使命宣告结束。一年之后，太古仓被公布为第七批广州市文物保护单位，并由广州港集团投资进行转型改造工程，一个充满码头风情的艺术创意园区就此诞生。

水岸江滨的怀旧与沧桑

从革新路拐进金沙路，一路西行就到了太古仓码头区域，从露天停车场再走进去，就是一整排长方形的巨大旧仓库，从南到北整齐排开，红砖清水墙，高高的斜坡式"人"字形屋顶彼此毗连，构成了一个个此起彼伏的倒"W"图案。仓库两侧的墙体上均匀分布着百叶窗，窗台外面的花槽里盛开着雏菊。推开厚重的黑灰色金属仓门，仓库内是开阔的几乎无遮挡的空间，屋顶内线条分明的桁架和通透的玻璃天窗，使粗糙的室

后工业风造就的空间感

园区内雕塑

在太古仓电影库附设的酒吧里，啤酒桶也是胶片形状

$\dfrac{1}{2}$　1. 珠江边上的太古仓
2. 太古仓电影库

1 | 2 　1. 餐厅户外座位
　　　　 2. 回恩施水塔和红色仓库

内平添了几分光影流动。

　　另外一处令人瞩目的标志性建筑是广场上高耸的灰色水塔。从两个仓库之间的小巷缓缓穿过就到了珠江边，这里有三座"丁"字形栈桥式混凝土码头，伸入珠江成为三个亲水平台，它们与仓库的结实建筑、宽阔场地一起，给太古仓留下了独特的工业韵味和丰富的想象空间。

码头空间的浪漫与风情

　　如今，太古仓七栋仓库被划分为四个功能分区，分别是1号、2号仓的葡萄酒展览及贸易中心，3号仓展览展示中心，4号、5号仓的时尚创意基地和6号、7号仓的怀旧电影库。时尚潮人们在这里涂鸦、建电影库、开餐吧、做show、办展览、搞工作室，古老的仓库早已被改造成个性、新鲜的空间，每一处都别有洞天。

　　太古仓水塔下的Choco Teddy Café，是太古仓最萌、最可爱的主题餐厅，门口一个大大的粉红心形，廊柱上站着一长排大大小小的泰迪熊公仔，店内以粉色和巧克力色为主，连餐具和餐巾纸都是定制的泰迪熊图案，非常有心思，特别适合情侣或闺密一起享受下午茶。

　　太古仓电影库，是全国首个集江景、文物、电影拷贝片库、小剧场于一体的电影库，这里有全国唯一的"全透明"放映间，可展示电影放映全过程，让观众了解电影成像的魅力。电影库最著名的当数经典影片拷贝展示区域，这里不但收集了数万部中外经典电影，还可点播怀旧胶片电影，重现经典电影的发展历程，大大满足了电影迷追溯经典起源的好奇心。

　　3号仓调度楼内的意泰极餐厅，是一栋温文尔雅的玻璃建筑，远处的红墙石塔映在玻璃上，有一种说不出的曼妙感觉——门外的花朵仿佛永远绚烂绽放，复古邮箱静静地站立着等待远方的某封信件，也许明天就等到了，也许永世也等不到……

街区资讯

■　地　　址：广州市海珠区革新路124号

■　特色推荐：Choco Teddy Café、太古仓电影库、意泰极餐厅

深圳

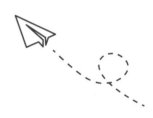

华侨城OCT-LOFT——城市的公共文艺空间

大鹏所城—— 一边是历史，一边是情怀

深圳中心书城—— 一种文艺态度的表达

华侨城OCT-LOFT
——城市的公共文艺空间

OCT-LOFT是深圳文艺青年最喜欢去的地方。作为这座年轻城市里最著名的公共文化空间，这里每天都举办着各种艺术活动，民谣、展览、讲座、演出、创意集市轮番上演，在深圳东部这片旧厂房发展而成的艺术区里，最不缺的就是时尚、前卫和创意。

自成一方宁静天地

华侨城OCT-LOFT创意文化园位于深圳华侨城，虽然地处城市中心，但绿树成荫的园区却将都市的喧嚣自然地隔离在外，使得这里自成一方宁静天地。从恩平街林荫道一路向北，过锦绣北街、开平街、香山东街、文昌街，展览馆、当代艺术馆、家居店、创意书店、时尚酒吧、精致咖啡馆、概念餐厅，或静静矗立在街面一眼就能看到，或隐于二、三楼的角落里深藏不露。而最抢眼的莫过于楼房墙身上那些绚烂大胆的涂鸦——墙是世界上最便宜、最实用的画布，用一种最具时代色彩的户外艺术行为来诠释创意园的朋克精神和不羁的原创激情，再合适不过。

锈迹斑斑的报废汽车，斑驳陆离的邮筒，看似简单的门店里挂的却是大师画作；各种装修别致的小店，贩卖着或卖萌或清新或奇特的各色小物件；独立书店的角落，老式唱机里，派翠西亚·凯丝正在吟唱着香颂，喑哑慵懒的音色恰如一张泛黄的老照片；咖啡馆门前开满鲜花，屋里摆满书籍，情侣或朋友都在享受悠闲的午后时光，当然，也少不了各种摆拍，女孩子们皆笑靥如花，看上去无比美好。

这里不是798

OCT-LOFT的前身是华侨城东部工业区，里面有数十座建造于20世纪80年代早期

创意符号：OCT-LOFT

的厂房、仓库和宿舍楼，当初开始策划创意园的时候，许多人脑子里马上就冒出了北京798艺术区的样子，但实际上，当时的创意园里并没有798艺术区那样高耸的烟囱和宏伟的厂房，有的只是一个个简陋的"棚子"，破败且毫无风格可言。

之后，设计者们经过审慎的思考，决定只是对厂房结构进行加固，室内外空间都由入驻机构自行进行个性化装饰，所以我们今天看到的OCT-LOFT，并没有太多整齐划一的工业元素，除了高敞空间是所有建筑共同的特点之外，每一个机构、每一家店铺，都呈现出不同的风格。一切都让人感觉这里烙满了历史的痕迹（虽然历史算不上悠长）却没有陈旧气息。绿色植被随处可见，生机勃勃，景观小品皆充满现代感，机器的轰鸣声早已隐去，艺术和休闲氛围日渐浓厚。

那些别具风格的店铺

OCT-LOFT集中了很多充满创意的店铺，中国香港室内设计之父高文安的"My系列"称得上是南区人气最高的地方，这一系列包括My Noodle面馆、My Coffee咖啡馆、My Gym体育馆、My Hair发型沙龙和My Gloral花店等据点，"My系列"最为鲜明的风格，是将异域文化与东方美学完美结合，加上西方的科技及舒适特质，为客人创造出独特的体验。

$\frac{1}{2}$

1. 店铺的创意招贴画
2. 园区内鹿鸣花坊的宣传招贴非常唯美

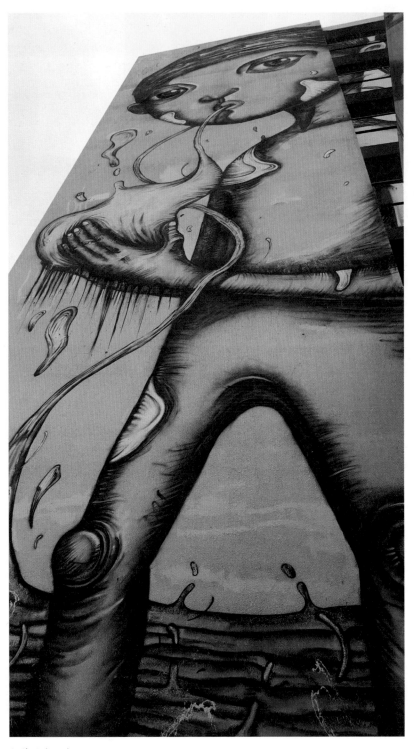

招牌的涂鸦墙

咖啡馆的户外座位

酒吧门口的吉他，足见狂野

<u>1</u>
<u>2</u>

1. 20世纪80年代早期的厂房
2. 现代感十足的涂鸦墙

北区的颜值担当是旧天堂书店，由于店主阿飞摇滚乐手出身的原因，音乐成了旧天堂最大的特色，世界各地的非主流音乐、超多黑胶唱片和CD、卡带在这里几乎应有尽有。店里时常传来非洲打击乐、日本民歌、东欧独立乐队等不同风格的音乐，给淘书的心情增添几分别样的感受。

OCT-LOFT餐饮机构则主要集中在青朴落到AT这一条园区的中轴带上，青朴落走混搭路线，LA以优雅取胜，胡桃里玩儿的是音乐，Penny Black里有露天JAZZ，每一家都让人惊叹，让人欢喜。

坚持了八年的创意集市

OCT-LOFT另一个让人津津乐道的项目就是 "T街创意集市"，一个月两次，每次集市都有不同的主题，到目前为止已经坚持了八年之久。

创意集市上，卖的大都是手工制品，如笔记本、项链、台历、T恤衫、靠垫、茶具等，虽然比起批量制作的工业化产品价格明显要贵一些，但胜在其独特、环保等特性，加上OCT-LOFT里设计公司林立，来这里的人都具有独特、个性的消费需求，正好与创意集市的售卖产品相吻合，因而每期集市都异常红火，从最初的三四十家到现在的八九十家，"游商"数量翻了一番。

街区资讯

- 地　　址：深圳市南山区东部华侨城恩平街
- 特色推荐：T街创意集市、My系列、旧天堂书店、青朴落、LA、胡桃里、Penny Black

咖啡馆的户外座位

大鹏所城是深圳东部大鹏半岛上的一座古城堡，这里保存着原汁原味的历史文化遗迹，深圳的别名"鹏城"即源于此。如今，这里已是深圳著名的民宿小镇，一群"有故事的人"聚集于此，带着独特的情怀和品位，努力诠释着理想中的完美生活。所城的氛围既慵懒又优雅，既古老又时尚，有温柔阳光、美妙琴音、静默老建筑，还有文艺到极致的精品民宿……

大鹏所城
——一边是历史，一边是情怀

一座安静舒爽的小镇

大鹏所城的气质正是我所喜欢的类型——古老，但不破败，即使留下了深深的沧桑印记，却依然温柔宽厚、明亮舒爽。

大鹏所城是建于明洪武年间的军事要塞，历经600年风雨依然保存完好，城门楼、将军第、天后宫、参将府、大夫第、县丞衙、大鹏仓，皆青砖厚实、厅堂轩敞。所城的普通民居则多半属于晚清和民国时期的建筑，粉墙黛瓦月门花院，天井里青苔滑腻，白墙边翠竹新绿，甬道深深，转角处一口古井，深不见底。从李屋巷、将军第巷、戴屋巷再到红花巷，街巷幽深狭长，石板路弯弯曲曲，左转右折之间，便有无限岁月在眼前的感觉。正凝神间，几个撑鲜艳阳伞的姑娘从深巷飘然走出，长裙摇曳，巧笑倩兮，目光追随处，抬眼便能望见半山之上的东山寺。

有气质的民宿

近几年，大鹏所城连同一路之隔的校场尾一起，被深圳文青们誉为"广东民宿第一村"。不过，我更喜欢所城的民宿，因为这里安静低调、内敛温柔，而校场尾因为靠近海滩，每逢节假日就变得拥挤不堪，让人不免心烦气躁。

所城的民宿大都隐藏在巷陌之间，拐进某一条小巷，可能忽然就闪出一番别样乾

1|2 　1. 旧时大鹏仓现在已经改建成各式文艺小店
　　　2. 小店门前的装饰

坤——低矮石墙、碧绿藤萝之间，某个鲜花盛开的院落就可能是一家精致客栈，秘园、城墙根、艾丫家、苞苞小栈、归源田居、哈利路亚、城祥左府、毛驴假期……不奢华，不张扬，却处处透着温情，让人感觉身心舒坦。

　　城墙外精品客栈就在古城南门旁的城墙下，偏地中海复古风——拱形门，方形吸潮

陶地砖，厚重的实木家具做了擦漆处理，更显得气韵深沉。老式电影放映机、照相机、黑胶唱片，代表了一种沉稳的厚重感。床品高档舒适，硬件设施优质。书吧里有整面书墙，院子里有露天茶室，每个细节都显示出雅致与品位的生活态度。

如果说城墙外是大家公子的话，那么素锦客栈就有点儿邻家女孩儿的气质了，以阳

1 | 2　　1. 敬柴坊门前
　　　　2. 一对情侣开的小咖啡馆

光、花草、人情味为你的旅行加温。素锦有一个超大的院子，搭着美丽的凉棚，下雨天可以坐在院子里听雨，碧绿袅萝轻轻巧巧爬上顶棚，开满了艳红的小花朵。素白长条桌上，一长排足足有几十个透明玻璃花瓶，里面不知名的各种花草和绿植，全部都是女主人手植。素锦的客房全部是榻榻米床，床品柔软舒适，床头精致的琉璃台灯和墙上风格各异的手绘，都让人不禁心生欢喜。

$\frac{1}{2}$ 1. 所城独有的独木舟博物馆
      2. 开在老屋里的咖啡馆

古屋小店里的格调

　　大鹏所城有许多有格调、有味道的咖啡馆、小酒吧、精品屋、陶艺工作室、小书吧、服装店、花店、画廊……店主们将老房子改造成自己的工作室，没有生硬的装饰，家具、商品陈设皆轻松随意，艺术家、设计师、咖啡师、调香师、厨师、花匠等各个领域的创作者都在所城里聚集，共同创作，共同生活，共同分享。

　　"江湖"是建筑设计师出身的大飞开在大鹏所城里的一间小店，位于大鹏所城南

竹篱绿植老屋衬托出小店的雅致

1
—
2

1. 夜晚的清吧
2. 文艺范儿的奶茶铺

门街上的刘启龙将军府内，古色古香的一座小院，十分雅趣。这间小铺很有意思——前院是串珠工作室，清净古朴颇有出世之感；后院摇身一变成了清吧，推杯换盏添几分行走的豪气。大飞喜欢在夜深人静之时盘踞前院二楼的斗室之中，将各种木头、石头、玛瑙、琉璃，设计串制成世间独一无二的珠串，每当那种时候，繁盛树木、丰腴土地、静水深流，或许都在大飞的脑海之中，透过那些珠串一一浮现……

敬柴坊是来自景德镇的陶瓷工艺师凌冲的工作室，一间古老大屋内，两排陈列架上摆满了提梁壶、茶海、闻香杯等，凌冲在这里潜心研习现代柴烧，立志成为一代优秀的柴烧艺术家。柴烧是中国传统陶瓷技艺之一，采泥、制坯、窑烧、成器，往往耗时绵长且价格昂贵，后来随着现代陶瓷工艺的发展而没落。近几年，人们对回归自然有了更深的理解和渴望，现代柴烧作品那素朴、浑厚、古拙、归于本原的美，又逐渐受到追捧。而在凌冲的眼里，柴烧茶器静静地摆在那里，就能散发出一种足以让他内心安定的力量。

夜宿大鹏所城，一定要去光阴的故事音乐酒吧坐坐，那里几乎每晚都有民谣演出，歌手和旅人乘兴而来，他们带着吉他、尤克里里和啤酒。深夜里，有清越民谣和一城旧事相伴，所有光阴都被细细打磨。酒吧的阁楼上有一间客房，床超大，被人戏称为"龙床"，如果凭窗看去，夜色阑珊，高高的一摞书正安静地躺在窗边，等待翌日阳光的莅临。

街区资讯

■ 地　　址：深圳市龙岗区大鹏新区大鹏街道
■ 特色推荐：城墙外精品客栈、素锦客栈、江湖、敬柴坊、光阴的故事音乐酒吧

深圳中心书城
——一种文艺态度的表达

有人说，深圳中心书城是这座城市文艺气质的发散地。

它是世界上单店经营面积最大的书店——但事实上，它又绝对不止书店那么简单，只置身于书城外围那四个各一万平方米的绿色文化主题公园，你就已经能够感受到它有别于其他书店的那种气质。这是一个拥抱理想主义和自由精神的地方，是所有渴望内在生活，并且拼尽全力抵抗物欲横流的人们共同的精神堡垒。

一座朴实无华的建筑

深圳中心书城很大，总建筑面积超过八万平方米；中心书城又很矮，地面只有两层，整个建筑分为南、北两区，通过一条横跨福中路上空的通道连接，站在马路上望过去，书城更像是一个巨大的长方形厂房，灰色大理石外表，几乎没有任何装饰。

中心书城的设计者之一是日本著名建筑设计师黑川纪章，他与矶崎新、安藤忠雄并称"日本建筑界三杰"，与中心书城相毗邻的深圳音乐厅、图书馆正是矶崎新的作品。有趣的是，音乐厅、图书馆皆造型奇异，视觉效果恢宏但能耗巨大，而中心书城却是如此平和低调、波澜不惊却又气韵悠长，首层和夹层拥有庞大的纵向共用大厅，屋面两侧满布绿色植物，屋顶有纵向延伸的天窗，覆土层可供草坪和树木自由生长，充分体现了黑川一贯提倡的城市、建筑与人和自然的"共生"哲学。

书城的南、北两区分别有一方一圆两处庭园直通天面，取"天圆地方"之意，但也许在黑川纪章的理解中，天圆地方并不仅仅是外在的形状——"天圆"，心性上固然要圆融宁静；"地方"，命事上更需要严谨条理、平坦正直。不得不说，正是黑川纪章的这种"文青品性"和坚持的勇气，才让中心书城最终避免沦为另一个万象城，为深圳留下了一座建筑杰作。

1. 中庭经常有大型艺展
2. 站在二楼廊前俯瞰一楼图书区

一楼的ARTDESIGN区域

小店里有情调的店主

1 ——— 1. 深圳艺廊的展览活动从未停止过
2   2. 舒适而有格调的餐厅

仿佛有魔力一般的文艺气息

　　一楼北区是近两万平方米的中心书店，分区合理、指引明晰，几十万册图书云集于此，从二楼回廊俯瞰，场面十分壮观浩大。南区则集中分布着咖啡厅、情调餐厅、原创文具店、陶艺店、花店等，除了有Costa、太平洋、Illy、星巴克之外，还有可颂坊、

书城里美丽的小店

Bread Talk、爱喜等，这些咖啡店大都不华丽，但是气氛安静，灯光舒适，落地窗前一排木桌，窝在布艺沙发里，满屋子浓郁的咖啡香气和淡淡漂浮般的音乐，让人不禁心神安逸。

二楼为中空设计，一条长长的回廊环绕整个书城，其中南区为深圳艺廊，从2006年书城开办至今，不间断地举办过数百场书画、摄影、当代艺术展览，艺廊的所有展览都是免费开放，大批新锐艺术家纷纷在此亮相。北区回廊有大大小小数十家文创小店，每一个都个性十足，独具特色——字在活字工坊的大型字架上有近千个字盘，整齐地摆放着约九万枚铅字，俨然中国活字印刷术展示场。

连接南、北两区的是一条宽达25米的中心走廊，深圳人习惯称之为"中庭"，南、北两端分别是著名的24小时书吧和益文书局，前者堪称深圳文化地标式的特色书店，自从2006年11月开业至今未曾关门打烊；后者专营原版进口外文图书，虽然人流量不大，但窗明几净，安静美好，非常适合读书。罗曼·罗兰说过："和书籍生活在一起，永远不会叹气。"在这里，读者也同样不会叹气。

从中庭走廊下一楼往南、北区，需要经过一处宽大台阶，这里已俨然成为深圳最著名的一处"文艺舞台"——自2006年开业以来，这里举办过无数次书友会、签售会、演讲会、辩论会、观影会甚至摇滚音乐会，著名作家、学者、画家、主播、国学大师、

咖啡馆的户外座位

新锐导演、先锋音乐人等都曾先后光临此地。著名建筑师陈家毅评价书城大台阶是"一个懂得思想的桥梁",的确,这里已经成为深圳人追求文艺范儿的一种体现,是精致生活的某个方面,也是这座年轻城市的一种生活态度。

街区资讯

- 地　　址：深圳市福中一路2014号
- 特色推荐：中心书店、深圳艺廊、字在活字工坊、24小时书吧、益文书局

厦门

沙坡尾——厦门文艺的灵魂之所

鼓浪屿福建路——小岛上的岁月沉香

老城区——城市中心的文艺深度

沙坡尾

——厦门文艺的灵魂之所

真正的老厦门人，把演武路到大生里之间的一条小路叫厦门港，因为小路旁便是海域。这里曾经住满了渔民，他们在这里打鱼、生活，度过平凡的一生，酝酿了属于厦门的灵魂内涵与文化内核。这中间最重要的一段，便是沙坡尾。

沙坡尾就在厦门大学隔壁，不繁华，也不拥挤，隔绝了喧嚣。它只如一朵淡雅的雏菊，悠然自得地开放在古老的街道上，时光似水，岁月静好。

城市文艺新地标

往昔的沙坡尾是热闹繁华的，现在的沙坡尾是文艺且有情调的。这些年间，沙坡尾区域陆陆续续开起了文艺范儿的小店，从咖啡馆、餐厅到创意店铺。店主中很多都是有些怀旧情结的年轻人，他们为了追寻梦中的模样，来到了这里。

他们带给这里的时尚、年轻的元素赋予了如今的沙坡尾新生，却又不曾改变它的传统气息与人文氛围，既有市井人文，又有文艺小清新。它离厦门大学很近，却远离了游人的喧嚣。沙坡尾是属于年轻人的，它在无声无息中成了这座城市最新的文艺符号，渐渐取代了过去的文艺街区。

选一个阳光明媚的午后，在沙坡尾寂静的街道上随意闲逛，所生发的不仅仅是对渔乡的缅怀，更有不必面朝大海也能拥有的、内心中的春暖花开。

清新风的美食天堂

沙坡尾的街道狭窄、安静，适合步行，从这一头走到那一头不过半个小时的路程。可是这一路却能看到各种风格的咖啡馆，有些很大，占据骑楼整整两层的开阔空间；有些很小，只在转角处开着一扇小门，但依旧风格鲜明。在沙坡尾挨个把咖啡馆泡个遍是厦门旅行的重要项目，每一家都会带给人独特的体验，每一家都有值得纪念的回忆。

咖啡馆美式乡村风的外观

乌糖的名气代言了厦门旅游业的历史

Barista Honor 很小，适合年轻人，放下背包往沙发上懒懒一躺，你就与当地的学生们混在了一起。Barista Honor的冰拿铁和西堤一条街上最好喝的咖啡相差不远，价格却便宜了一半。Chao巢咖啡是沙坡尾的精神标杆，是这里唯一的无人咖啡馆，一切自助，费用自投，随君乐意。你也可以自带书和咖啡豆前去，留给以后走进这家咖啡馆的人，奇妙的缘分相互牵引，有一种老科幻电影里的时空穿越感。Chello也是必去之所，我喜欢把他家作为公交车中转站，在等公交车时喝一杯新鲜的冰美式咖啡，吃一块夹着香蕉的裸蛋糕，恍惚间感觉自己站在了欧洲的街头。要是买手信，一定不要错过再生海咖啡，他家包装精美的花草茶才十几元，还有好喝的越南冰滴咖啡。

　　沙坡尾有四家大名鼎鼎的餐厅，每天都会有慕名而来的文艺青年。老字号的自然是乌糖沙茶面，20多年的时光，他家从不曾离开沙坡尾，成为这里的一个传奇。有了名气自然会有负面评价，然而我依然坚持光顾这里，我对沙茶面的好印象是乌糖带来的。新崛起的是"亲爱的汉堡"，设计上走的是文艺气息混杂的高技派，墙面简陋，格调清

闽厦渔28号美式餐吧的冰美式咖啡配招牌炸鱼薯条

新。他家的招牌白帐篷便宜好吃，但最受欢迎的应当是蹿红各大美食攻略的鲜榨草莓汁。全厦门人气极旺的居酒屋也在这里，"烧鸟"的意思便是日语里的"烤鸡肉串"。烧鸟的忠实顾客太多，若不想排队，务必要赶早。他家的凉拌秋葵味道令人惊艳，烤香菇也值得一试。居酒屋选烧鸟，吃芋圆自然要去九人分。九人分的纯手工芋圆已经在美食圈子里传开了，然而他家最值得一去的理由还不仅仅是芋圆，更重要的是，主人的生活美学理念在这家小店里得以充分体现，足以让人流连忘返。这四家店名气最大，然而我自己最爱的却是一间默默无闻的餐厅。闽厦渔28号美式餐吧的设计风格是我喜欢的，他家的冰咖啡和炸鱼薯条都值得推荐。避开夜晚热闹的酒吧时刻，这里是一个可以安静惬意喝下午茶的绝佳选择。

古老的书香闲情

　　沙坡尾的书店是这个区域的宝贝，这些书店足够老，足够蕴藏整座城市的文化底蕴。晓风书屋是厦门的文化名片，藏着两代厦门人的童年回忆。如今岁月流逝，他家还

晓风书屋是厦门唯一销售纯文学杂志《天涯》的书店

是老样子，为每一个厦门人保存着过往时光的痕迹。晓风书屋至真至纯，坚持着最古老的阅读理念，如同一个成人的童话，散发着最清新的人文气息。荒岛图书馆@小渔岛书店也很陈旧，它的面积比晓风书屋还要小得多，数不清的新书旧书塞满了整个空间，每个爱书的人都会贪婪地流连、寻觅。荒岛图书馆@小渔岛书店的老板很有趣，也很沉默，却给人一种安全感。如果谁有想要找的图书可以告诉他，他会想方设法替你去找。

沙坡尾是厦门一段早已尘封的繁华记忆，沙坡尾却也是最崭新的厦门文艺地标，如果要用一段恰到好处的文字来结束对这里的诠释，那不妨再介绍一下不辍旧物馆。不辍旧物馆就如同整个沙坡尾的缩影：用旧物记录古老的历史与文化，同时开启一段未知的文艺岁月。坐在沙坡尾不辍旧物馆咖啡屋的透明玻璃前，喝一杯秘制的杨梅冰，墙上的时钟仿佛倒退了30年，一切恍然如梦。

1. 走进Chao桌咖啡，像是走进一段老时光
2. Chello咖啡强调的是一种生活方式

记忆中童年的老书店

街区资讯

- 地　　址：厦门市思明区大学路
- 特色推荐：晓风书屋、荒岛图书馆@小渔岛书店、不辍旧物
  馆、Barista Honor、Chao巢咖啡、Chello、乌
  糖沙茶面、亲爱的汉堡、烧鸟、九人分、闽厦渔
  28号美式餐吧

如今的鼓浪屿不再是以前的渔家小岛，岛上的游客或许比祖祖辈辈居住于此的岛民还多。原先那份恬淡幽静、朴素悠然的渔岛风情已逐渐远去，而蕴含着现代气息的文艺感姗姗而来。

福建路就是一条融合了清静与繁华的街巷，在这条短短的街上，居然还那么坚定地保留着往昔桃源人家的影子。福建路既有文艺与清幽，又有市井气息的生活氛围，如今已是鼓浪屿上弥足珍贵的情景，让人流连忘返。

繁华隔壁是清幽

走在福建路狭窄的青石板路上，望着一棵棵路边的大树，踩在透过枝叶洒落下来的斑驳光影上，一句诗情不自禁浮现心头——朱颜离镜花离树。此时，就像走进了鼓浪屿的老照片里。

福建路距离岛上最繁华的龙头路很近，不过几步路便可以从喧哗走入宁静。真是一种奇妙的感受，像是一场行为艺术，在不同的时光交织中穿梭而过。在青旅住的那晚结识了几位朋友，一大早我们出门去吃早餐。大部分人都选择留在热闹的龙头路排队，而我和深圳来的汤先生却走入了寂静的福建路。几十米外，我们找到了一家当地人开的卖豆浆油条的小店，无须等位，清静平和，亲切得像是童年时的街坊邻居。

如今的福建路是游客攒动的鼓浪屿上最清净的所在，它的左手是繁华码头，右手却是市井小路，静静地保留着渔岛过往的情怀。岛上的居民大多居住在这一带，过着朴实、平凡的生活，不离人间烟火。即便你坐在网评出的岛上情调最浪漫的餐厅吃饭，透过窗户，依然可以看到隔壁人家在天台上晒被子。这就是福建路，这才是最美丽的鼓浪屿。

老房子

寂静的福建路

宁静的居民小院

岁月沉淀的传奇

　　福建路上名气最大的景点是海天堂构，它是岛上建筑物中的精品，既有中国传统建筑的艺术雕饰，却又普遍采用了古希腊柱式与西式古典窗棂。每天都有游人到海天堂构参观，可大多都是走马观花拍照留念，很少有人静下心来慢慢品味这古老的建筑美学。若是在岛上住得久，不妨在黄昏时前来，那时游客都已离去，可以独自站在这栋雄伟的建筑前欣赏与沉思。

　　福建路上有着鼓浪屿最特别的奶茶店——班沙客。老板是土生土长的鼓浪屿人，听说这间奶茶店的小屋子是他自己的祖产。他经营这家奶茶店许多年，并没有扩展店面，而是快乐地度过悠闲、惬意而又平凡的每一天。班沙客在这些年里累积了许多的回头客，曾经来过一次的，必然还会再来第二次，像是一个魔法。经过时光无声的沉淀，班沙客已是坊间流传的一个鼓浪屿传奇。这里的招牌奶茶已成为每位客人进店后的第一

齐诺伊的外面是一家海鲜排档，不容易发现

杯，第一杯的意思是之后必然还有第二杯。第一杯先喝尽那杯加了些许酒精，只能做冰品，上面浮着一层细腻奶泡的班沙客奶茶。然后再在老板的手绘菜单上选择自己感兴趣的第二杯饮品，这仿佛已是一种潜规则。店里还有一款招牌鸡尾酒叫作孟婆汤，需要先向老板证明你的酒量，否则老板可不卖。

隽永的人文气息

鼓浪屿最简单、最亲民的餐食大多都藏在福建路上了。46HOWTEL院子里的胖妈私厨，会做地道的重庆菜。即便一个人去也不会寂寞，你可以坐在酒店花园里那棵参天老树下悠闲自在地吃一碗胖妈面，然后喝茶发呆，偷得浮生半日闲。最好吃的简餐是齐诺伊老墅咖啡的香肠饭和叉烧饭，餐厅的位置很私密，像是当地中学生的午间饭堂。齐诺伊里的用餐时光，就像是走入了一部青春电影，与穿着校服的岛上学生混杂在一起，嘻嘻哈哈地感受最无忧无虑的年轻岁月。挑食是岛上人气很旺的餐厅之一，海鲜大餐的价格不菲。可是一个人来吃一份招牌炒饭也是很不错的选择，一定要在太阳落山之前，客人们还没赶到的时候，独享餐厅的静谧时光。

胖妈私厨的环境很清新

　　福建路上同时兼具最精致的早餐和最质朴的早餐，两者都涵盖了属于鼓浪屿特有的
人文魅力。最质朴的前面已提过，一大早，有豆浆油条卖的粥店便开门了。一对朴实的
岛民夫妻，辛勤地经营着小店，大部分的街坊在清晨时分便来帮衬，很少看见游人。最
精致的早餐藏在福建路旁边大名鼎鼎的林氏府公馆里，林氏府公馆传承了百年前林氏家
族的早餐习俗，提供"九宫一格"的海参粥套餐，体现出贵族世家的低调和精致。富贵
与朴素——这两种气息在福建路上毫不冲突地交融成特有的人文气质，如同鼓浪屿最辉
煌的那段历史，永恒地记录在了岁月的留声机里。

　　假如你在鼓浪屿上只有几个小时的逗留时间，那请从龙头路直行，走入福建路这片
仅剩的世外桃源中来吧。毕竟，它离码头也很近，不会误了渡船的归期。

1 | 2　　1. 传说中大名鼎鼎的班沙客奶茶
　　　　　2. 林氏府公馆的早餐

街区资讯

- 地　　址：厦门市思明区鼓浪屿
- 特色推荐：海天堂构、班沙客、胖妈私厨、齐诺伊老墅咖
　　　　　啡、挑食

老城区
——城市中心的文艺深度

许多人关于厦门的浪漫梦想都集中在鼓浪屿、曾厝垵或是环岛路。殊不知，真正收藏了整座小城最深文艺记忆的，永远都在老城区。厦门老城区的面积不大，许多地方都可以随性而至。选个阳光明媚的日子，悠然自在地步行过去，仿若回到自己的家乡，像是穿梭在自己的童年回忆里，一切既陌生又熟悉。

要说厦门最美好的文艺区域，有人说是曾厝垵，有人说是鼓浪屿，于我而言，却是这座城市的老城区。

在岁月里走街过巷

厦门土生土长的人大多是本地古闽越族的后裔，后来周边的许多渔民也逐渐迁入，形成了多种文化的交汇。过去的厦门，根据地理环境把老城区分成"厦门港"与"厦门顶"。整个老城区交错盘绕着数不清的小巷子，条条深邃，巷巷静谧，仿佛在此掩埋了所有关于这座小城往昔繁华的岁月。

在厦门旅途中最有文艺气质的活动并非参观美术展览，也不是去听一场音乐演奏会，而是穿梭在老城区里的这些小巷子里，感受厦门的灵魂与脉搏。每一栋古宅就是一片时光的剪影，每一条深巷就是一曲岁月的轻吟，每一块红砖就是一段沉思的历史。这才是厦门的魅力，这才是厦门的文艺，这是人文与历史交织而成的底蕴，独一无二，再也不可复制。

记忆深刻的，是寻觅兰厝咖啡的过程，从手机地图看近在咫尺，可是来来回回转了几圈却遍寻不到。可是失之东隅收之桑榆，一不小心误入繁华市区中心藏着的小巷里，外面的车声、人流仿佛突然被隔绝到另一个时空，小巷里一片清净。穿过藏着市井人家的小巷，寻找咖啡馆的过程仿佛变成了一趟时光的旅途，不经意间看到了这座小城多年前的舒缓生活。走过这些平凡的人家，才找到了藏在院子里的兰厝咖啡。传说中兰厝咖啡有全厦门最好吃的舒芙蕾，于是原本市井气息弥漫的大院里被特意寻来的文艺青年们渲染出了不一样的小清新氛围。

百年历史的老宅有着深沉的美丽

思明南路的骑楼

最美莫过华新路

　　老城区里最不可错过的是华新路老别墅区，那里或许是厦门最美的街道。古老的红砖房与爬满墙头的三角梅，将这条街道变成了一幅亮丽的油画，走在这条路上仿佛人在画中行。短短的街道里藏着这个城市文艺的标志性符号，比如最美的不在书店。书店的外表看上去那么普通，多年的老屋，外墙有些陈旧，锈迹斑斑的护栏。可是一旦你踏入它的玄关，便仿佛走入了一片独有的天地，花园中的书店，书店里的花园。无丝竹之乱耳，无案牍之劳形，只有参天的大树和树下看书的人。清茶与书香，满院子关于文化的诗情画意，可以在里面耗上整日的时光，从日出到日落，只与书为伴。

　　华新路上还有法式风情的32HOW咖啡，它是当地文化人聚会的小圈子，不但有最专业的单品咖啡，还有红酒品鉴室。可是最吸引我的还不是这些，而是那间简朴得像是

32HOW咖啡藏在华新路的一排老别墅中

大学里的自修室的阅读屋，坐在窗边的木桌旁看书，仿佛正在上演一部关于致青春的电影。

朝花夕拾深巷里

　　如果说厦门老城区有哪一家咖啡馆是必去的，我脑海里第一时间出现的一定是老友记。它就藏在鹭江道国贸海景公寓的背面，避开了嘈杂的马路，却又只与繁华一墙之隔。用文字来讲述老友记吸引我的地方或许有些困难，因为它带给人的记忆那么感性，只知道无论如何不会在岁月中将它忘怀，像一个分别多年的老友，无声的思念在时光中凝聚成歌。老友记里有太多让人感到温暖的细节，比如冬日里为女客人准备的红糖水，比如艺术品般精致的水杯。还有他家的冰伯爵奶茶，香醇甘甜，用心程度不亚于一杯单品咖啡。

　　若是要体会厦门特有的古典文艺情结，白鹤路上的老别墅西餐馆是必须要去的。这家西餐馆是厦门的老招牌了，平时客人极多，想要安静地体会它的魅力，一定要选在客人稀少的午后。在老别墅西餐馆里，你会感受到一场跨过光阴的旅行，一切仿佛都回到了百年前的岁月，回荡着民国时代特有的华丽与精致。老别墅西餐馆的大厨身价不菲，

光是看门面，就仿佛已经踏入了美剧的世界

在好莱坞都有自己的人气餐厅，加上精挑细选的食材，这里的消费并不便宜。有一样美食绝对不容错过，就是他家的鸡肉沙拉，那是我对舌尖上的厦门最深的记忆。

　　或许因为地方只有这么大，或远或近都是老街坊，老城区里的文艺情调显得浓缩而精致。这种文艺范儿无须铺排，而是如一朵黑暗中的夜来香，静静地、默默地，散发出属于它独有的甜美与清香。最能代表老城区这种风格的店想必应当是原至咖啡了，老板阿林是资深摄影师，开着自己的摄影工作室和老别墅客栈。可是生活中仿佛还少了一样什么东西，于是阿林在市中心的思明电影院楼下开了一家只能坐下三位客人的咖啡馆。"这里是全城最小的"，阿林笑着说，但是如此才是地道的完美的厦门文艺生活，诠释了关于老城区情调的全部内涵。

不在书店所在的华新路老别墅区很美丽

这里是很美的书店

浓郁的民国情调是老别墅西餐馆最大的魅力

街区资讯

- 地　　址：厦门市思明区
- 特色推荐：不在书店、32HOW咖啡、兰厝咖啡、老友记、原至咖啡、老别墅西餐馆

大理

床单厂
——艺术世界的乌托邦

人来人往的复兴路，是大理古城内最繁华的一条主干道，每天都有四处涌至的游人在这里闲逛。但是复兴路上有不少通往寂静的小巷子，无须几步路，就仿佛到了另一个世界。床单厂文创区就藏在这样一条小巷尽头，沉寂地、安宁地、内敛地，展示着一份独有的艺术气质。

床单厂文创区如今在艺术圈子里颇有些名气，然而真正来体会的游客很少，于是在这里你可以享受难得的悠闲午后，懒懒的阳光下，与苍山对望。

空地里的海阔天空

人民路上的租金如今是越发贵了，对于开书店的人来说，搬离人民路是迟早的事。于是床单厂文创区无疑成了最好的选择，因为这里安静，再适合读书不过，面积又宽敞，可以摆放足够宽敞的咖啡桌。

床单厂文创区内的时光，用来看书仿佛是天经地义的事。在开阔的中心空地处随意扔几张艺术气息浓郁的桌椅，阳光明媚的日子，坐在这里喝咖啡、翻闲书。偶尔抬头看一眼高原特有的蓝天白云，与远处的苍山白雪相对，时光如同一首诗，流淌着醉人的音符，岁月无声，一切安好。

这样的地方，自然能吸引来最好的书店入驻。大名鼎鼎的杂字书店来了，历史悠久的海豚阿德书店来了。它们像是某种文艺符号，一下子就给床单厂定义了一种生活氛围，与书为伴，与咖啡香共存。

一进入床单厂园区，便能看到巨大的"杂字"二字镶嵌在全透明的玻璃墙上，原本工业化风格的厂房建筑被改造出浓郁的艺术气息。这里是爱书者的天堂，也是手作艺术家的圣地。杂字床单店的藏书很丰富，咖啡区域也很宽敞，穿着深色围裙的咖啡师很专业。在这里消耗整整一天的时光也不会让人烦闷，除非你突然想起，二楼的海豚阿德书店还没有来得及去。

A-1-1 青蓝山房	B-2-2 大图影像工作室 DATU PHOTO STUDIO	D-2-1 51区咖啡馆 AREA 51 CAFE
A-1-2 車间	A-1-3 Rock Solid Adventures 磐石户外	D-2-1 良品室内建筑设计
A-2-1 🚹🚺		D-2-1 许崧工作室 XUSONG ATELIER
A-2-2 方圆音画 Skyland Media	C-1-1 大理当代艺术空间 DALI CONTEMPORARY ART SPACE	D-2-1 51区画廊 AREA 51 ART GALLERY
A-2-3 禅·柔CHAN ROU	C-1-2 🚹🚺	D-2-1 万哲生艺术工作室 JASON PYM ART STUDIO
A-3-2 野菊工坊	C-2-1 图书室	D-2-1 一村一品工作室 DALI OTOP WORKSHOP
A-3-3 苏苏设计工作室 Susu Design Studio	C-2-2 大理摄影博物馆	D-2-1 邱磊工作室 CHIUS STUDIO
A-3-4 巳 tudio	D-1-1 小礼堂	D-2-1 海豚阿德书店艺术书局 DOLPHIN ADE ART BOOKS
B-1-1 杂字Words Collection	D-1-2 🚹🚺	D-2-1 墨龙手工果酱坊 BLACK DRAGON HOMEMADE JAMS
B-1-2 木田画廊	D-1-3 UTAU	D-3-1 野性中国 Wild China Film
B-1-3 盖娅画廊	D-1-4 秘境PHOTO	D-3-1 云朵视界
B-2-1 多媒体教室	D-1-5 河音乐工作室	D-3-2 程昌工作室
B-2-2 大理摄影博物馆办公室	D-1-6 斐尔定制映像 Faiebelle	D-3-3 春旸Studio
B-2-2 大理古城文化创意园综合办公室	D-2-1 51区AREA51	D-3-4 子曰影像工作室
B-2-2 "星光美育教育"公益项目大理办事处	D-2-1 "白"工作室 BAI DESIGNS	D-3-5 7寸独立出版 7Independent Publishing
B-2-2 大理白族自治州生物多样性保护与研究中心	D-2-1 艾迪广告有限公司	D-3-6 远迈生活坊

E-1-1 囍手作Double
E-1-2 要物 Nee
E-2-1 楼上 Upstair
E-2-2 麦田
E-2-3 王瀚工 WAKHA
F-1-1 妖
F-1-2 玉香白
H-1-1 乐天

走进床单厂一眼便能看到杂字书店

创意招牌

可以喝咖啡的画廊

古城的文艺风骨

阿德开在床单厂文创区的这家店，取名字为"海豚阿德51区艺术空间"，主要售卖美术、设计、摄影、表演艺术类图书独立出版物和艺术衍生品等。书店的入口处有一块艺术展览区，可以免费观赏不定期举办的各种画展和摄影展。"海豚阿德51区艺术空间"是一家艺术主题书店，里面出售的书籍大多是与艺术相关的专业书籍，特地寻来此处的都是有共同爱好的人。有时你只需在这里默默翻书，便能感觉到空旷的书店里充满了同道者的气息，相逢何必曾相识，会心一笑，便又投入自己的阅读世界里去。

海豚阿德书店里也有较大的咖啡区域，各种咖啡与甜品种类齐全，有时会遇到设计公司来这里开创意讨论会，人文氛围与空间设计自然融合出独一无二的体验感。这或许便是床单厂文创区真正的灵魂内涵。

床单厂文创区的建筑

同一楼层还有陶艺工作室、音乐工作室，没事去串个门，艺术青年们都会给予你最亲切也最自然的接待。你来，或走，一切如常，自由自在。可以说，床单厂文创区，是大理文艺风骨的缩影，大理象征的文艺自由符号在这里得以集中体现。

艺术家的乌托邦

在底楼的杂字书店旁边，还有一家木田画廊，主人是一名家具设计师。木田画廊里不定期举办各种免费画展，为古城的艺术圈子的同行提供了一个艺术交流、休息聊天的空间。主人的家具设计极具个性化和艺术感，每个人都可以自由参观，随意坐一坐，或是点一杯咖啡发呆。这便是属于床单厂文创区的典型日常生活，每一天，都让人沉浸在艺术审美的愉悦里。

曾看过一篇关于专栏作家许崧的专访，谈他眼中的床单厂文创区。他说："其实在床单厂，更像是大家的自娱自乐，因为外来的客人不多。我觉得大理的这个艺术园区是最特别的一个，和其他地方的都不太一样。"

【7寸】是与【杂字】一起注册的商标

大哥【杂字】偏重于深读，与装逼拽调的端庄文字决裂

小弟【7寸】偏重于搬读，做不守固态的创意纸品

一个逗号，一个句号

把后半生玩着用完，去球。

| 可读可用的创意阅读 | 不端不装的性感阅读 |

所谓书，必须是
砍向我们内心冰封大海的斧头

杂字书店的海报

海豚阿德书店里琳琅满目的图书

　　床单厂文创区相比全国各地的文创区，最不一样的地方是它渗入了大理古城的嬉皮精神与先锋艺术风格。大理的魅力从来都是自由与精彩，如今床单厂文创区亦然，只是将古城里多年来的习俗一下子吸收到这片小小的区域内来，慢慢培养，慢慢生根发芽。艺术家们形容，床单厂文创区在古城被旅游占据的此时，已是他们全新的乌托邦。

街区资讯

■ 地　　址：大理市大理古城苍坪街56号
■ 特色推荐：杂字书店、海豚阿德51区艺术空间、木田画廊

第一次到大理古城那一年，人民路上还极为清幽，干净的青石板路从苍山门延伸至洱海门，一路静寂无声。那一年，繁华都集中在护国路，也就是传说中的洋人街，隔壁的人民路鲜有游人问津。人民路的另一侧是红龙井路，苍山上的雪水融化后，一路流淌而下，水声潺潺，看上去比那条寂寞的小路更吸引人的目光。

谁也没想到，十年后的人民路，却成了古城最繁华的道路，而过去那些繁华的所在，一一凋谢。

人民路
——老大理人的经典时光

老店的悠然岁月

如今到古城大理旅行的人们，是绝对不会错过人民路的，所有的咖啡馆都集中在这条路上，有趣的创意小店也举不胜举，每一家都藏着属于大理文艺人的灵魂。人民路曾是一条朴素清幽的小路，藏着一处处大自然的小品，有青石流水蜡梅，也有每年春天的落英缤纷。关于人民路的美好记忆太多，这些记忆大抵无法离开几家老店的影子。

人民路上段的88号西点店和鸟吧咖啡都是大理的老店了，两位主人KK太太和荣洁也都是老大理人。我十年前到大理便去过鸟吧，一年后再去，恰逢KK太太的第一家店在博爱路上开张。这两家店承载着太多关于大理的回忆，如果想要了解往昔的大理时光与情怀，或许去这两家店里坐坐是最好的选择。KK太太家的早餐丰盛可口，古城里的外国人都喜欢去这个德国老太太的店里度过一个清新愉悦的上午。而鸟吧则是午后去最好，坐在百年历史的老房里，吃一口让人感觉幸福的招牌手工玫瑰酸奶，透过古朴的木窗，望着楼下路过的行人，感觉岁月静好。

古城的老故事

过了博爱路路口往下走，很快便能看到凤凰吧和坏猴子。原本对面还有一家老店西藏咖啡，这里曾经有着古城最好吃的热巧克力蛋糕，如今却已物是人非。凤凰吧这些

1. 这是一家属于大理的书店
2. 天堂时光旅行书店后院宁静的阅读时光

苍山雪水从红龙井流入古城内

白族民居墙角上的鲜花，在阳光下怒放

年也发生了许多变化，坐在这里的窗边喝冰奶茶曾是我在大理最宁静的时光，如今咖啡馆再度易手，或许明日的时光会更美。坏猴子还是老样子，每周推出不同的套餐，门口总是坐了很多晒太阳的外国人，喝酒聊天，惬意自在。坏猴子家自酿的啤酒是古城一众人群的最爱，大家从傍晚时分便开始聚拢，在大理的星空下度过又一个与酒同眠的夜晚。

经过复兴路路口，很快便会看到PATIO咖啡，这也是一家老大理人开的店，是许多新移民喜欢聚会的咖啡馆。普洱茶芝士蛋糕、玫瑰芝士蛋糕、大理青梅茶、金枕榴梿冰

激凌都是店里的热卖产品，是老板独创的秘方。作为老大理人，老板有很多关于大理的故事，在某个黄昏来这里吃一块芝士蛋糕，听老板讲过去的事，是怀念大理的悠闲岁月最好的方式。

　　PATIO咖啡的斜对面是Kaweh咖啡，这是古城唯一24小时营业的咖啡馆，极为简洁的现代主义设计，在文艺范儿弥漫的古城里别有一种爽朗与洒脱的气质。黑与白的主色调，木阁楼与皮沙发，混搭元素的设计别有新鲜感。在小阳台上还有躺椅，坐在这里可以面对苍山，晒着太阳，舒舒服服睡上一觉。

慵懒小城里的慵懒时光

仿佛欧洲街头酒吧的风情

重新爱上人民路

人民路上以前便开着不少特色书店，书呆子最早就开在这里，可是这两年人民路的租金一路上涨，大理的老书店海豚阿德和书呆子便搬离了人民路。如今的人民路上还有天堂时光旅行书店。书店面积不算大，但是环境舒适而清新，坐在里面看看书，任时光静静流逝。书店里有一个漂亮的小花园，私密而清幽，一壶玫瑰花茶，两本好书，便是人间最好的时节。

人民路上的创意店铺很多，像洒在天空中的星星，值得一家家慢慢去逛。喜书之在楼上是一定要去的，小小的木质阁楼里藏着年轻人的梦想，还有从藏区带回来的特色葡萄酒可以品尝。胖丁的玫瑰小屋也不容错过，那里有各种关于玫瑰的商品，还有古城里最好喝的玫瑰奶茶。莲雾杂货铺藏在小巷的深处，一扇不起眼的门里藏着岁月的珍宝，都是主人良子从深山里淘来的有趣玩意儿，还有"80后"记忆里的童年。

古城大理的夜色特别美，抬头便是星空，还有特有的宁静。人民路的夜因为一家店而变得不同，那便是深夜食堂。人们很难不为这家店着迷，便宜的美食足以让每一个深

88号西点店里丰盛味美的招牌早餐

夜里寻来的客人心满意足。在这里你会找到关于人生的故事，找到生命里被我们忽视的点滴。白天你找不到这家店的踪迹，但到了夜晚，看着红灯笼点燃，便知道深夜食堂开始了一天的营业。

　　如今的人民路不再是我记忆中那个曾经无人而至的安静的天堂，但是这种变化未必是坏事，换种视角重新爱上人民路，是一件很容易的事。

街区资讯

- ■ 地　　址：大理市大理古城
- ■ 特色推荐：88号西点店、鸟吧咖啡、凤凰吧、坏猴子、PATIO咖啡、Kaweh咖啡、天堂时光旅行书店、喜书之在楼上、胖丁的玫瑰小屋、莲雾杂货铺、深夜食堂

东门村
——深巷明朝卖杏花

东门村是个特别的所在，它距离繁华的人民路很近，却又仿佛远离了刻意的文艺与嘈杂的游人。东门村更像过去的大理，新移民与本地居民无比和谐地融合在一起，于市井生活中渲染出骨子里的艺术气息。

如今的东门村内，藏着数不清的柳暗花明又一村，许多外表不起眼的文艺小店就那么寂静无声地藏在东门村的小巷里，静候有缘人。最爱在黄昏时分去巷子溜达，一不小心，就会遇到一份美妙的晚餐。

纪念逝去的时光

现在，许多老大理人都计划着把店迁到便宜的东门村，这或许会带来另一个时代的开启，为大理的传奇再增添一抹色彩。最爱黄昏时的东门村，在洱海门附近的空地处有流浪歌手开着小型的个人演唱会，清凉的月光下独自歌唱，路人们情不自禁停下脚步，在石阶上席地而坐。没有喧闹的音响声，只有夜色里的木吉他演奏出柔和明亮的音色，歌声清冽，大多是民谣，在夜风中荡漾开一曲浪漫的旋律。

还记得叶榆路上曾经的白族烧烤摊，那是长居大理的人晚上聚会的好地方。古朴的白族土陶茶壶，铁丝网和土灶搭起的烧烤桌，生皮在火上滋滋作响。远方来的游人被老大理人带来这里，感受最纯正的大理夜生活，畅谈过去与理想。现在的叶榆路热闹了许多，过去那种烧烤摊难以再觅，但我依旧喜欢在这条路上走一走，怀念那时的大理岁月。

深巷咖啡香

阳光明媚的午后，若是人民路上的咖啡馆已经坐满游人，不妨步行至东门村，寻找那些很少被游人发现的咖啡馆。在大理的许多个日子，我都在做这件事，每天都有惊喜。大象咖啡馆就在叶榆路与人民路交叉的十字路口，像是一个童话里才有的房子，推门而入，恍惚间以为自己进入了《绿野仙踪》的故事里。咖啡馆的女主人丫丫是老大理

1 | 2　　1. 叶榆路上的纳尼咖啡馆
　　　　　2. 古典气息弥漫的八月客栈小院

人了，人缘颇广，我在咖啡馆里遇到了海地生活的政伟，他应朋友之邀在这里相聚。不得不感叹，大理州那么广阔，可是大理的文艺圈子真的很小，人人都是老朋友。大象咖啡馆的法式焦糖烤布蕾和重芝士蛋糕是熟客们的最爱，大抵因为丫丫的法国爱人有一手做甜品的好厨艺。可是我喜欢坐在欧式拱形的壁炉墙边喝一杯冰伯爵奶茶，阳光懒洋洋地洒进来，惬意至极。

　　沿着叶榆路一直向前走，行人越来越少，街道变得宁静惬意起来，只有两边的樱花树在微风里沙沙作响。纳尼咖啡就藏在一个开满樱花的角落里，寂静无声，等待偶然间路过的客人与它相遇。我最爱纳尼咖啡的复古老式窗棂和木板搭成的墙桌，可以临窗而坐，看窗台上憨态可掬的多肉，看窗外安静的小路上阳光斑驳。纳尼咖啡的招牌是玫瑰海盐拿铁，奶泡上撒着几片淡粉色的玫瑰花瓣，像是一个迤逦的梦，让人沉醉。

　　但若说这个区域内我最爱的一家咖啡馆，必然是"一点法国"，它过去的名字叫"争味"。离开大理很久以后，他家下午茶时提供的饼干拼盘总让我难以忘怀。十元一

小份的拼盘里包含了蔓越莓饼干、可可杏仁棒和巧克力爆炸球，每一样都是一流烘焙水准。喜欢一点法国咖啡的下午茶时光，一杯玫瑰花蜜冰咖啡、一小份甜品和一本《果壳中的宇宙》，幸福就是如此简单，人生哪还有什么多余的欲望可言。

无事寻隐者

除了咖啡馆外，东门村的书店也值得留恋。十年老店书呆子已经成为第一家从人民路搬到东门村的书店，它选址在较为偏僻的东玉街上，分外让人感到环境静谧而惬意。两条路之隔，如同回到了十年前的大理岁月。蓝天如洗，万里无云，只有庭前花开花落，翻闲书一本，便是人间最美时节。若是喜欢与佛学结缘，善书坊是个再好不过的选择。小小一间书屋，这里的书可卖可租，可以坐在窗下的沙发上，晒太阳，看孩子们嬉戏。不时有附近的僧尼前来与主人饮茶聊天，一派闲适自在的出世之风。

1　1. 大象咖啡馆的文艺情调
2　2. 店主收集多年的藏书堆满了整个书呆子书店

令人难忘的点心拼盘

东门村还有一名年轻的隐士，八月客栈的老板，"80后"的他热爱儒释道学说，常有忘年之交找上门，与他秉烛夜谈。八月客栈在洱海门外，四周的环境并不好，黄沙漫天。可是一旦走入那个隐蔽的小巷，推开那扇中式古典木门，便如同进入了另一个时空，庭院深深深几许。八月客栈像是整个东门村的缩影，不求浮华，却将生活哲学的智慧植入灵魂深处，恬静自然，这或许才是真正属于大理的人文魅力。

街区资讯

- ■ 地　　址：大理市大理古城
- ■ 特色推荐：书呆子、善书坊、大象咖啡馆、纳尼咖啡、一点法国、八月客栈

喜洲城北村
——不辞长作喜洲人

还记得十年前第一次去喜洲，大丽公路比今日荒凉，沿途还看不到浪漫的薰衣草园。那时去喜洲的游人很少，而且多是本地人，即便不远处的大理古城，对他们来说也只是一个偶尔才会去的远方。

喜洲不大，繁华都集中在了城北村，以前便如此，如今亦然。著名的严家大院和杨家大院集中在城北村，现在喜洲的客栈、文艺餐厅、咖啡馆、艺术馆大都集中在了小小的城北村区域，只需闲庭信步逛一圈，便能收获整个喜洲的风情。

建筑美学村

喜洲旧日里住的是白族大户人家，道路开阔以便于马车和八人大轿抬过，即便岁月已带走了昔日的所有繁华与荣光，可是那份雍容的气质依旧。这些充满艺术魅力的老建筑大多集中在城北村，这片区域的魅力对于整个大理来说也是特别的，它的建筑美学保留完整，如同一座生动的建筑博物馆，人在其中穿行，犹如回到了最美好的岁月，人行画中。

大理古城这些年变化很大，一些老建筑大抵是保不住了，最好的结局也不过是找些老师傅来翻新与重建，但时光沉淀下来的那份底蕴与深厚的人文气息难免就此消散。为此，长居城北村的田老师忧心忡忡，他担心有朝一日，这片土地也会失去这批珍贵的老建筑。庆幸的是，在当地政府的保护措施下和一批田老师这样的艺术家的义务支援下，如今的城北村，依然最大限度地展现着建筑的古韵美。

大理的旅途中务必选一日在喜洲的城北村居住，将体会到不同于下关、不同于古城的风情。一般的游客是不愿意留宿此处的，他们大多匆匆而来，在严家大院附近参观和吃饭，然后匆匆而去。城北村在他们的印象里，应当只是一个有些偏僻的古建筑群。很遗憾，他们不能真正感受到属于这里的生活艺术美。

极具特色的建筑风格

青山郭外斜

城北村的清晨最好在己已巳古迹花园客栈醒来，田老师便是这里的主人，他是一位资深设计师，将己已巳打造成了一个艺术空间，充满了深厚的人文魅力。己已巳有自己的私家花园咖啡屋，简约自然的石头木板吧台，屋外是古色古香的花园，屋内是文艺范儿十足的空间。咖啡屋卖奶茶、咖啡、果汁，古树奶茶是用牛奶现煮的，最适合在微凉的清晨喝上一杯。这时，通常已经看不到田老师，他一大早便会骑单车去附近的海舌公园。住在己已巳古迹花园客栈的客人也可以租一辆单车，自由而惬意地逛遍整个村子。

但也许连单车都是多余的，你步行走出己已巳古迹花园客栈的小巷，旁边便是大名鼎鼎的喜林阁，可以踱步进去参观片刻。从喜林阁出来的一段乡间小路充满了田园风情，一大片开阔的菜田鸟语花香，而远处则是大理州特有的、纯净的蓝色天空。穿过田野，走进市井街道，浓浓的生活气息扑面而来，仿佛时光倒退了30年。城北村的生活

波波老师作品中的沉静美

$\dfrac{1}{2}$ 1. 己巴巴院里到处都是自然清新的艺术品

2. 之初艺术馆有着时光沉淀的岁月之美

己巳巳古色古香的室内设计

恬静而舒适，连石板路都充满了幽静的意蕴。中午时分去乡绅本色餐厅最好不过，他家就在严家大院旁，是一栋木质结构与砖瓦结合的土黄色小楼，保留着喜洲建筑古老的风情，古典而优雅。乡绅本色餐厅的菜品与喜洲大部分的小馆子相同，价格也相差不远，但环境却舒适得多。饭后的时光还可以坐在二楼小阳台上喝一杯现磨的云南小粒，看天际云卷云舒。

城北近黄昏

黄昏时分的城北村极美，整个古城在落日的余晖中安静下来，当地人开始整理自己门前的桌椅，街灯亮了。这时最好的去处是阿波小厨，如果要选整个喜洲最文艺范儿的小店，那自然非阿波小厨莫属。阿波小厨既是一家私房菜馆，也是一家咖啡馆。城北村的夜很静，没有酒吧的嘈杂，若是需要一处温馨的聚会地，那么阿波小厨便成了唯一的选择。在阿波小厨悠闲地坐一坐，听听音乐，翻翻书，喝一杯阿波做的冰奶茶和现磨咖啡，这便是属于城北村独一无二的文艺时光。

离开喜洲之前有一个地方一定得去，有一个人一定得见，那就是之初艺术馆的波波老师。他是一位古典、沉静的男子，每日在他的工作室里静静打磨着手上的木雕，不言

1 | 2　　1. 阿波的拿手菜
　　　　2. 玫瑰花煎蛋是当地的家常菜

不语。他的作品充满了艺术魅力，随意放置在古朴的院子里，院子寂静无声。许多人即便不买东西，也爱去他的院子里坐一坐。波波老师只会对你默默一笑，然后低下头继续去做他的事情，而客人们则可随意参观。若是累了，懒洋洋地往院子里精致的艺术家具上一坐，打个盹儿，享受属于喜洲的宁静时光。这样的随意与安然，在大理的其他地方已经很难再寻觅。

街区资讯

■　地　　址：大理市北部喜洲
■　特色推荐：己已巳古迹花园客栈、之初艺术馆、乡绅本色餐
　　　　　　　厅、阿波小厨

西安

半坡国际艺术区——老西安的文艺魂

顺城巷——秦砖汉瓦的柔情所在

半坡国际艺术区
——老西安的文艺魂

20世纪90年代，西安城东的纺织城是一个有着大片梧桐树的、赫赫有名的工业区。近年来，这里的苏式建筑旧址虽然寂静，但新生艺术家们的悄然入驻，让这片区域变得生机盎然起来。最有西安味儿的文艺街区——半坡国际艺术区便诞生于此。

老厂房的过去与现在

曾经的纺织城艺术区，今天的半坡国际艺术区，位于西安经济欠发展的东郊区域，也正是因为它的滞后，才保留了大量的"情怀"。

毋庸置疑，西安城东的这片区域有着非常饱满的年代感，街头巷尾都能看到属于过去的回忆。这样的老街作为西安文艺精魂的摇篮，确实再合适不过。

2007年初，纺织城老旧的厂房里有了第一批艺术家。在北京798艺术区Loft文化的带动之下，在古城历经千年的艺术温床里，在"长安画派"成熟的本土艺术风格之上，沉睡已久的古城文艺魂苏醒了。很快，三万平方米的厂房成为一个西安本土艺术家勾勒乌托邦的梦境国度。

纺织城艺术区也有了一个新的名字——半坡国际艺术区。

广场里首先看见的就是半截火车，骄傲、倔强地抬着头，拉扯着一丝曾经的记忆。火车的寓意，是几十年前孕育了西安繁荣工业文明的纺织城的荣耀，也暗示了这里曾经有过的铁路文化。但那座荒废的车站却藏在艺术区深处，月台上挂了一块久经风霜的木板，写着"小心火车"四个字。

中央商业街是厂房的主体建筑，分化出A、B、C、D区域，有咖啡厅、餐厅、小剧场、私人影院、手作杂货铺、工作室等，设计感强烈，符合所有文艺气质的关键词。年轻生命的注入，很快将这一片荒芜变得饶有趣味起来。在Loft办公区，老砖瓦保留着当

空间艺术的美

年机床车间的古旧味道，巨大的落地窗把古城春日温柔的阳光洒在工作间里，灰与白的极简风格，厚重又考究。

迄今为止，这一片旧厂址塞满了艺术工作室。无我茶社、半山雅器、春秋舍客栈、拾光花房，这个地方不再是艺术家们沉默埋头创作的城堡，而是一个融合与交流的空间。烈日炎炎的盛夏，咖啡店里冰凉的美式咖啡正好；清晨和黄昏，茶舍里醇厚的普洱茶正好；夜幕将至，低吟浅唱和红酒正好。

"80后"女油画家的工作室、"90后"手作匠人的铺子、慵懒文艺的小众咖啡馆、后工业风格的摄影工作室……年轻的艺术家在这里恣意地生活，谁也不知道那些卷帘门后的年轻生命怀揣着多么跌宕的故事。

不会交叉的平行线

这里没有过于醒目的雕塑，颜色像老电影一样昏黄、灰暗，坐在仓库门口的年轻

孤独的火车

飞行的年轻梦想

人，一支炭笔一张纸，笔触散漫又粗犷，画里的老厂房并不真实，却多了些意识流的碎片。

旧厂主体外的新建筑，设计感虽然强，却没有跳脱，也并不高调。像四四方方的古城一样，线条利落大方，古朴稳重，渗透着国学和古典建筑美学的思想，和西安这座城市默契一致。

若说有什么鲜艳抢眼的，大约就是艺术区里挂出的许多巨幅展览预告海报了，在这些海报上，能够看到本土艺术人的努力和成绩。这里的年轻人虽然从事艺术行业，却不见浮夸与噱头，只一味沉心静气地创业，让我们看到了西安未来的艺术产业夯实的根基。

田子坊之于上海，是精致清新的文艺，像十里洋场穿着旗袍肤白胜雪的女人。798艺术区之于北京，是桀骜不驯的文艺，个性鲜明，锋芒毕露。但西安的艺术区，像是土壤里的一株细小植物，坚韧又执拗，小心翼翼地怀揣着古城文化与艺术的将来。

古老的车站砖瓦，年轻的艺术生命，像两条永远不会交叉的平行线，在这个空间里各自刻画各自的轨迹。树是老的，春来才发出的枝芽却是一抹亮眼的新绿。艺术区里长长的巷道、一支炭笔、一张白纸，一个人，未来也许并不孤独。

你若看到有光，那大概就是梦想。

很有年代感的指示牌

铁轨

转角的艺术

街区资讯

■ 地　　址：西安市灞桥区纺织城
■ 特色推荐：壹空间、半山雅器、彳亍、拾光花房

顺城巷

——秦砖汉瓦的柔情所在

这是一条古老的长巷，这里有年代久远的槐树，有名声赫赫的关中书院，同时也拥有优雅考究的咖啡厅、风格独特的餐厅、文艺气质的客栈、轻歌曼舞的酒吧。

这条巷子属于过去，也属于现在，它又长又窄，在历史的车辙下摇摇晃晃，不再那样老气横秋，也从未被岁月变迁后的样貌所取代。

古与今的美丽相遇

在西安的城墙下，把市井和历史分隔开来的，是一条古老的巷子。

顺城巷本身就是一条很美的巷子。若是秋季，十余公里的顺城巷铺满了梧桐的落叶，踏碎时会发出玻璃纸一样的声音，吸引着孩子们扎堆而来踩着枯叶风一样地奔跑。而夏季，摇着蒲扇、裤兜里别着收音机的老人，坐在千年的古树下听秦腔，看着放学回家吵吵嚷嚷的中学生满眼笑意。春风沉醉的傍晚，路边总是有对弈的民间高手，有走过围观的路人小声言语生怕点破玄机。顺城巷一直这样热闹，充满了古城浓郁的生活气息，长久以来，这条长巷好像被时光遗忘了一样，尽管老旧，却仍然无法撼动它在西安人心中的地位。

不知从何时起，那些老旧的砖瓦门窗中，有咖啡香气散漫萦绕，一道略显慵懒的女声伴随着吉他在寂静的夜里飘出。然而，不论是街角的咖啡厅，还是响着刀叉声音的西餐店，或是藏在老树后面极富设计感的精美客栈，都很默契地保持着同一种频率的低调，像是在向眼前的古老城墙致敬。

新与老的和谐共存

西安的年轻人都知道，顺城巷是条神奇的巷子，青年旅舍、茶馆、咖啡馆、酒吧、

1. 随处可见漂亮的咖啡馆
2. 整条街道充满文艺气息

1 | 2 　　1. 白天安静的酒吧
　　　　2. 卖字画的小贩

餐厅，各有各的腔调。

　　一家名叫一夕的客栈，门口写着小小的"一夕"两个字，取自朝夕之间。看起来就是旧院子门口有棵古树，门楣和窗户都像白须老人住了半个世纪的老屋。可推开门却别有洞天，能够感受到悉心打理的漂亮和细腻，任何一个细节都不属于过去，而是属于这个年轻的世界，精美而妥帖。

　　知更咖啡专注属于古城手冲咖啡的细致与格调，算是西安小有名气的单品手冲咖啡馆。酒香不怕巷子深，咖啡的香气也在顺城巷的砖瓦里来回飘荡。能找到知更的年轻人多半对咖啡品质有一定的要求，不但在此品啜咖啡，也会交流咖啡文化。

　　宴遇这么冷艳的名字后面，藏着一颗重庆火锅的热辣灵魂，夏夜的傍晚就开始座无

214

虚席。被花花草草包围的外场，室内是浅蓝色与原木的，这样熙熙攘攘的火锅店偏偏要走清新文艺的路子，却也有独特的小情怀。

松鼠家咖啡就是真正意义上的小众文艺咖据点了，堆满了Zakka的怀旧文化。桌椅、壁画、吊灯、胖嘟嘟的小植物，毫无章法地挤在顺城巷下马陵这个小世界里。

闲时在顺城巷走走，点一杯浓郁的拿铁，看到咖啡杯中令人惊艳的拉花，听到耳边慵懒的爵士，这一切，既属于顺城巷古老的时光，也属于城根下这个年轻的空间。

<table>
</table>

$\frac{1}{2}$ 1. 顺城巷的文化气息
     2. 知更咖啡里手冲咖啡的幽香

有格调、有品质的一夕客栈